英语教学设计理论及单元化教学设计案例

李　彪　何秀英　著

中国商务出版社

图书在版编目（CIP）数据

英语教学设计理论及单元化教学设计案例 / 李彪 ，何秀英著. --北京:中国商务出版社, 2021.2（2025.1 重印）
ISBN 978-7-5103-3649-2

Ⅰ. ①英… Ⅱ. ①李… ②何… Ⅲ. ①英语课－教学设计－中学 Ⅳ. ①G633.412

中国版本图书馆 CIP 数据核字(2020)第 244006 号

英语教学设计理论及单元化教学设计案例

YINGYU JIAOXUE SHEJI LILUN JI DANYUANHUA JIAOXUE SHEJI ANLI

李彪　何秀英　著

出　　版：中国商务出版社
地　　址：北京市东城区安定门外大街东后巷 28 号　　　邮编：100710
责任部门：职业教育事业部（010-64218072　295402859@qq.com）
责任编辑：周青

总 发 行：中国商务出版社发行部（010-64208388　64515150）
网　　址：http：//www.cctpress.com
邮　　箱：cctp@cctpress.com

排　　版：牧野春晖图书有限公司
印　　刷：北京市兴怀印刷厂
开　　本：710mm×1000mm　1/16
印　　张：11　　　字　　数：162 千字
版　　次：2022 年 1 月第 1 版　　　印　　次：2025 年 1 月第 2 次印刷
书　　号：ISBN 978-7-5103-3649-2
定　　价：79.00 元

前　言

教育是人类有目的的社会实践，唯有经过合理设计的教学活动方能高效地实现教学目标。教学设计是提升教学成效的关键，是达到教学目标、实现有效教学的保障。我国中学英语教育迄今已经有 100 多年的历史，在 100 多年中，英语教育得到了长足发展。随着时代的发展，我国中学英语教育已步入了核心素养时代，全面提升中学英语教育的有效性成为当务之急。

现代教育要求英语教学设计日臻精致、完美、行之有效和富于创造性，能极大地刺激学生的学习情绪，满足他们的学习欲望，形成师生之间和谐愉悦的课堂氛围。作为一名中学英语教师，研究和掌握课堂教学设计，是抓好英语教学必不可少的基本技能。基于此，本书从中学英语教学设计现状出发，结合英语教学设计理论以及实践，对单元化英语教学设计进行了分析和研究，并形成了一系列教学设计实例。

本书共分两个部分对研究主题进行说明。第一部分是第一章、第二章以及第三章，这三章对英语教学设计的理论知识进行了深入的认识与分析，包括教学设计的基本内涵、中学教学设计的基本内涵、教学目标设计、教学策略设计、教学模式设计以及单元视角下的英语教学设计分析等内容，这些内容与理论分析为英语教学设计奠定了理论基础；第二部分对七年级、八年级和九年级的英语教学设计实例进行了介绍，将英语教学设计实例以表格的形式呈现给读者，使读者能够清晰地对单元化英语教学设计进行认识与学习。本书第一部分和第二部分采用不同的编排形式，在结构上明确了理论分析与教学设计案例的功能和定位。

本书可以作为教师培训或教学参考用书，希望本书的出版能够促进中学英语教师专业发展，为我国中学英语教育发展提供一定的借鉴。

本书在编写过程中参考了一些专家学者的学术观点，并得到成都市一些中学教师的大力支持，在此一并致谢。书中不足、疏漏处，望广大读者批评指正。

作　者

目　　录

第一章　中学英语教学设计的理论基础

第一节　教学设计的基本内涵

一、教学与设计

教学是教师引导学生学习的过程，包含教师的教和学生的学两个层面，其根本是学生的学，因为教师的教是为了促进学生的学。从学生的学这一层面看，教学是学生在教师引导下主动学习和掌握知识、技能，同时全面发展其核心素养的活动。当然，教师的引导不是随意的，而是依据一定的内容，指向一定的目的，借助一定的方法和技术进行的，是一个有计划的、系统性的过程。

简单地说，教学是引导学生学习、促进学生发展的活动，在这个过程中，若要使学生尽可能高效地掌握知识和技能，就必须对教学活动进行精心的设计与安排，提供有利的学习条件。只有这种有组织、有计划的教与学的活动才是学校教育意义层面的教学。家庭教育、社会教育中的诸多教育活动，与学校教育活动最大的区别也就在于是否有目的、有组织、有计划。因此，目标指向性、组织性和计划性是教学活动的重要特点。

这里所指的目标指向性、组织性、计划性，即针对一定的教学目标，提前计划和设计教学内容、教学方法和技术等教学过程中重要的因素，对教学过程作出预设，以达到更好的教学效果。因此，教学需要设计。

教学设计（instructional design）在属性上是一种设计，教学是其领域规定性。所以，理解教学设计，必须从设计的角度出发。

“设”有设立、布置、筹划、安排之义，“计”有计算、测量、计划、策划、考虑之义。两词复合而成“设计”，就是设想、运筹、计划与预算，它是人类为实现某种特定目的而进行的创造性活动。设计是一种由目标导引的活动或过程，这种活动或过程的目的是构想和实现能满足某种特定需要的、具有某种实际效用的新产品或人工制品，如问题求解方案及其决策。因此，设计的目的就是谋求事物、现象或活动的改善，使现存的状态朝期望的方向变化。

对设计的学术研究领域很多，诸如工业设计、建筑设计、服装设计等传统领域，以及软件设计、游戏设计等最新领域，都对设计有着非常深入而且广泛的研究，这些领域都可能与教育形成关联，如教育产品生产需要工业设计，学校建设需要建筑设计，校服生产需要服装设计，教学需要软件设计、游戏设计。随着教育的发展，对教学本身的设计逐渐发展成为一个领域，诸多领域的专家对教学设计也进行了广泛而深入的研究。

综合分析与相关的各个学科所研究的设计，可以发现，设计具有以下基本特性：

（1）独特性。设计是人类所特有的且广泛实践的社会文化活动，一些动物具有搭建巢穴的能力，但并不开展设计巢穴的实践。所以，设计是具有独特性的人类实践活动。

（2）理想性。设计必须确定问题的价值和问题的实质，基于此形成新的解决问题的理念，再基于理念进行设计。所以，在价值层面，设计是一种对理想的表达。

（3）意向性。设计具有明确的指向，必须制定目标行为活动的策略、方案或程序，以改善某一事物或某一活动为目的。所以，设计在行为上是一种指向性活动。

（4）创造性与选择性。设计要求基于问题分析和条件，设计出多种可供选择应用的策略、程序或方案。所以，设计在本质上是一种创造性、选择性的活动。

（5）相对性。人类对自我与自然的认知永无止境，人类的设计在任何时代都只是相对于当时条件的设计。

显然，这些分析对于我们理解设计非常关键。教学设计毕竟是教学实践，我们还需要从教育学、心理学的视角进行分析，才能全面把握教学设计的本质。

从教育学视角可知，教学设计具有以下特征：

（1）设计使教学更具有目的性。教育是人类特有的传承文化的能动性，具有显著的目的性，教学设计促进教学目标、教育目标的实现。

（2）设计有助于提高教学效率，促进单位时间的教学成效的提升。教育，尤其是学校教育，是用较短的时间（如 12 年基础教育、4 年本科教育等），促进受教育者发展成为社会所需要的人，所以学校教育的任何课程的课时都是有限的。经过合理设计的教学活动，使教学课程可以更有效率。

从心理学视角看，教学设计具有以下特征：

（1）设计是建构学习的外在因素。学习是学习者在内在因素与外在因素的作用下，通过个人实践而促进知识、行为或行为潜能、核心素养等发生变化的活动过程。学习的内在因素是学习者的个人因素，无法通过设计形成影响，而外在因素则可以通过设计形成影响，无论是教学行为，还是学习环境均可设计。

（2）基于学习发生和形成的经验进行设计，提高学习成效。教师之所以能够促进学生学习，因为教师本身是学习者，而且是学习引导者，其教学经验使其具有促进学习者掌握所学内容的方法，从而可以促进学习的发生与发展，并促进整个学习过程的完成。基于这种经验的设计，可以有效地促进学习过程，形成学习成效。如对于 This is the book I bought yesterday，教师既知道可以使用定语从句概念、从句子成分视角帮助学生理解、掌握、运用这一结构，也知道可以使用 post-modifier（后置修饰成分）从位置、功能视角帮助学生理解、掌握、运用这一结构，这样显然有助于更有效地促进学生学习。

基于对设计的以上认识，我们可知：教学设计所探讨的设计，是基于教师对于教育、教学尤其是学习的理念、经验等，创设指导学习者的学习实践的活动，这些活动具有明确的目的性和实践性，从而使学习有效发生、发展，并最终实现学习目标。

二、教学设计的内涵

教学过程涉及诸多要素，包括教师、学生、教学管理人员，教材、设备、媒体，教学目标、教学内容、教学方法、教学手段、教学测量、教学评价等。如何使这些要素能够做到有机配合，有序运行，促使教学效果最优化，这是教师需要面对的一项复杂的任务。要做到这一点，只能运用系统论的观点和方法，对教学过程进行科学的设计。

虽然人们对教学的研究已经有数千年的历史，但是对教学设计的研究却不足百年。半个多世纪的快速发展使教学设计的内涵不断丰富。从实践的视角看，教学设计的内涵包括以下方面。

（一）教学设计是系统计划或规划教学的过程

这种观点把教学设计看作是用系统的方法来分析教学问题、研究解决问题的方法和途径、评价教学结果、修改和确定教学规划的过程。教学是以促进学习的方式影响学习者的一系列事件，而教学设计是一个系统化规划教学系统的过程。教学系统设计是运用系统方法分析研究教学过程中相互联系的各部分的问题和需求，确定解决它们的方法步骤，然后评价教学成果的系统计划过程。

（二）教学设计是创设和开发学习经验和学习环境的技术

美国著名教学设计专家梅瑞尔在其发表的《教学设计新宣言》一文中，将教学界定为一门科学，而教学设计是建立在教学科学这一坚实基础上的技术，因而教学设计也可以被认为是科学型的技术（science-based technology）。教学的目的是使学生获得知识及技能，教学设计的目的是创设和开发促进学生掌握这些知识及技能的学习经验和学习环境。

梅瑞尔强调教学设计应侧重于对学习经验和学习环境的设计，以创设一种高效率的、具有强烈吸引力的教学。这里所谓的学习经验，从梅瑞尔对教学设计定义进一步的分析中可以推知，主要是指学习策略，涉及如何指导学生获取知识，帮助他们复诵、编码和处理信息，监控学生的学业行为，提供学习活动的反馈等。它体现了以学为主的教学设计思想。

（三）教学设计是一门科学

帕顿在《什么是教学设计》一文中提出：教学设计是设计科学大家庭的一员，设计科学各成员的共同特征是用科学原理及应用来满足人的需要。因此，教学设计是对学业业绩问题的解决措施进行策划的过程。这一定义将教学设计纳入设计科学的子范畴，以有效地解决教学中出现的问题。

这一定义从设计科学的视角，强调教学设计应把学与教的原理用于计划或规划教学资源和教学活动，以有效地解决教学中出现的问题。罗兰德也强调设计取向，明确提出需要一种不同于将教学设计过程视作预定过程、侧重理性、注意归纳、重视最优化的传统教学设计观的全新的教学设计观。这种新的教学设计观突出创造性、注意理性与视觉的平衡，强调归纳与演绎的统一，重视对话在设计过程中的重要作用。

从以上三方面我们可以看出教学设计的综合形态。从教师的教学实践视角看，教学设计是一种基于现代学习理论的现代教育技术运用实践，是教师在学习者特征、学习需要、学习内容等教学背景分析的基础上，设计教学目标、教学策略、教学过程，选定教学媒体，并进行评价反馈，以进行教学准备的过程。

作为教学准备的过程，教学设计也就是传统意义的“备课”。备课就是教师为上课而进行的计划和准备工作。不过，传统上是基于教师的教学经验而进行。教学设计则不同，主要不是基于经验进行设计，而是体现一种教学理念，运用一种技术或一套工具，进行教学准备的一个过程，我们用这一技术和工具进行教学准备，从而使基于经验的备课成为基于理念、技术、工具的教学准备。

三、教学设计的理论基础

教学设计的产生与发展，是建立在其他学科的理论基础之上的。在教学设计的发展过程中，有诸多理论或技术对其起了较大的作用，我国教学设计研究者对这些理论基础进行了大量的研究，提出了许多观点，概括起来有如下一些观点：

（1）单基础论，主张教学设计的理论基础是认知学习理论，并强调主要是指加涅的认知学习理论。

（2）双基础论，主张教学设计是以传播理论和学习理论为基础。

（3）三基础论，认为教学设计是以学习理论、教学理论和传播学为理论基础。

（4）四基础论，认为教学设计理论基础包括四个组成部分，即系统理论、学习理论、教学理论和传播理论，并强调学习理论应当是四种理论中最重要的理论基础。

（5）五基础论，提出教学设计要以学习心理理论、现代教学理论、设计科学理论、系统理论和教育传播学为理论基础。

（6）六基础论，主张学习理论、传播理论、视听理论、系统科学理论、认识论和教育哲学共同构成了教学设计的理论基础。

为分析方便，将上述论点列表（见表1-1）。

表1-1　教学设计的六种基础论[①]

	学习理论	传播理论	系统理论	设计理论	视听理论	认识论	教育哲学	教学理论
单基础	√							
双基础	√	√						
三基础	√	√						√
四基础	√	√	√					√
五基础	√	√	√	√				√
六基础	√	√	√		√	√	√	

从表1-1中可以看出，虽然存在众多数量的“基础论”，但学者们将系统理论、学习理论和传播理论作为教学设计的理论基础的认识是相对集中的，这也是目前我们在众多文献中见到的最多的一种提法。此外，在经典四基础论基础之上提出的五基础论中，“设计理论”被涵盖其中，我们认为，这也是对教学设计实践最具建设性意义的理论。

教学设计的理论基础主要有三个方面：一是方法论层面的理论基础，这给教学设计以哲学的高度，使教学设计不仅仅停留在教学层面；二是教与学的理论基础，这使得教学设计的探讨可以从根本做起，学习理论、教学理论这两个领域是教学设计的教与学理论基础的主要内容；三是技术基础，包括传播理论和设计理论两个领域。这三个基础的具体构成（如图1-1）。

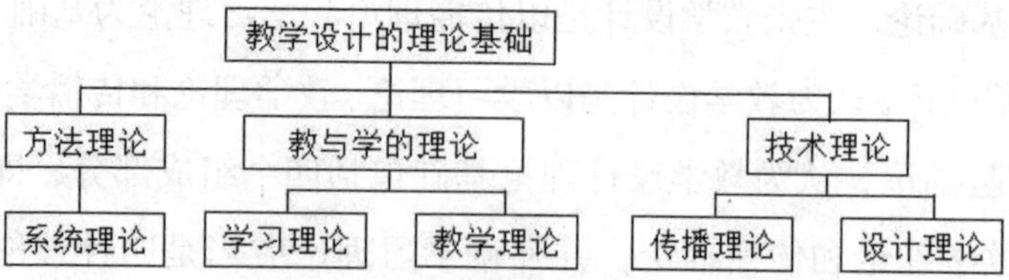

图1-1　教学设计的理论基础

① 林宪生．教学设计的概念、对象和理论基础[J]．兰州：电化教育研究．2000（04）：3-6．

（一）方法论基础：系统科学理论

系统科学在第二次世界大战前后兴起，它是以系统及其机理为对象，研究系统的类型、一般性质和运动规律的科学，包括系统论、信息论、控制论等基础理论，以及系统工程等应用学科和近年来发展起来的组织理论。它涉及许多学科研究对象中某些共同的方面，系统论、信息论、控制论就是把不同对象的共同方面，如系统、组织、信息、控制、调节、反馈等性质和机理抽取出来，用统一的、精确的科学概念和方法来描述，并力求用现代的数学工具来处理。所以，系统科学是现代科学向系统的多样化、复杂化发展的必然产物。它在现代科学技术和哲学、社会科学的发展中具有十分重要的意义，为人们认识世界和改造世界提供了富有成效的、现代化的“新工具”。

20 世纪 50 至 60 年代期间，系统科学方法在美国军事、工业、商业、空间技术等领域得到空前成功的应用。在这些成功应用实例的推动下，系统方法也在教育界受到重视，20 世纪 60 年代末期，教育技术研究者开始致力于将系统方法应用于教学实际的研究，形成教学系统方法，并应用于各级层次的教学系统的设计之中，建立起教学设计的理论与方法。

教学设计首先是把教育、教学本身作为整体系统来考察。以这种系统思想为指导，我们把为达到一定的教育、教学目的，体现一定的教育、教学功能的各种教育、教学组织形式看成教育系统或教学系统。如学校是一个教育系统，是社会系统的一个子系统。社会向学校教育提出所需人才的要求，提供教育资源（如教职员、教材、设备、设施等），而学校系统则通过各类教育工作把学生培养成社会需要的人才。学校系统是通过反馈信息来进行调整，以保持在社会系统中的动态稳定。教学系统是教育系统的子系统，它可以指学校的全部教学工作，也可以指一门课程、一个单元或一节课的教学；当然也可指为达到教学目的而组织的机构和方法。作为一种执行控制的教学信息传递过程，教学系统包含了教师、学生（均为人员要素）、课程（教学信息要素）和教学条件（物质要素）四个最基本的要素组成系统的空间结构；而教学目标、教学内容、教学方法、教学媒体、教学组织形式和学习结果等过程性要素形成系统的实践结构。这些要素之间相互作用、相互依赖、相互制约又构成系统输入和输出之间复杂的运行过程，即教学过程。教学系统的功能就是教学过程运行的结果。

面对包含各种要素的复杂教学系统，综合考察、协调和控制各个要素，以保证系统的顺利运行和完成系统功能，其有效方法就是要掌握系统方法。系统方法，就是运用系统理论的观点、方法，研究和处理各种系统问题而形成的方法，即按照事物本身的系统性将对象以系统的形式加以考察的方法。它侧重于系统的整体性分析，从组成系统的各要素之间的关系和相互作用中发现系统的规律，从而提供解决复杂系统问题的一般步骤、程序和方法。系统分析技术、解决问题方案的优化选择技术、问题解决策略优化技术以及评价调控技术等构成了系统方法的方法体系和结构。

教学设计把教学系统作为一个整体来进行设计、实施和评价，使之成为具有最优功能的教学系统。在系统科学指导下的教学设计以学习需求为开始，确定学习需求之后，在对学习者和学习内容以及各种教学策略进行分析的基础上，通过系统的策略优化技术确定和实施教学策略，在实施的过程中进行形成性评价，实施后进行总结性评价，力图使通过教学设计后的教学系统满足学习者的学习需求、促进学习者的发展。在教学设计实施过程中，各种分析技术是教学设计成功的保证。教学设计在系统科学的指导下，把构成教学系统的元素分成整个教学系统的子系统，通过这些子系统的分析、研究，获得教学设计成功的条件。这些对子系统的分析，通过系统科学的方法整合在一起，从而取得 1+1＞2 的效果。

教学设计综合教学系统的各个要素在教学设计的经验基础之上，把运用系统方法的设计过程加以模式化，提供一种实施教学系统方法的具体可操作的程序与技术。经过人们的实践研究，系统科学在教学领域的应用获得了成功。目前，几乎所有的教学设计模式都采用系统科学方法构建，并且把教学设计和教学系统设计看成同义词。

（二）教学的理论基础：学习理论、教学理论

1．学习理论与教学设计

学习理论是探究人类学习的本质及其形成机制的心理学理论，而教学设计是

为学习创造环境，是根据学习者的需要设计不同的教学计划，在充分挖掘人类潜力的基础上促使人类潜力的进一步发展。因此，开展教学设计必须广泛了解学习及人类其他行为，以学习理论作为其理论基础。

教学设计涉及三大学习理论：行为主义学习理论、认知主义学习理论和建构主义学习理论。相应地，教学设计也经历了行为主义教学设计、认知主义教学设计和建构主义教学设计三个阶段。

（1）行为主义学习理论与教学设计

行为主义作为一种学习理论可以追溯到亚里士多德时代。亚里士多德在一篇探讨记忆的文章中提到了联结（association），很多哲学家追随了他的思想，从行为的角度探讨记忆与学习。行为主义学习理论关注的是可被观察和测量的明显的行为。它把思维看作是黑箱，大脑对于刺激的反应是可被定量观察的，行为主义完全忽视了对人脑思维过程的研究，而是强调可观察的行为，认为行为的多次的愉快或痛苦的后果改变了个体的行为。巴甫洛夫经典条件反射学说、华生的行为主义心理学观点、桑代克的联结主义、斯金纳的操作条件反射理论以及班杜拉的社会学习理论可作为行为主义的代表学说。

行为主义对教学设计的影响具体表现在教学机器的产生、程序教学思想、个别化方法教学等方面，在现代社会中计算机辅助教学的教学设计也从一定程度上秉承了行为主义的思想。

（2）认知主义学习理论与教学设计

认知是指认识的过程以及对认识过程的分析。美国心理学家吉尔伯特指出："认知是一个人'了解'客观世界时所经历的几个过程的总称。它包括感知、领悟和推理等几个比较独特的过程，这个术语含有意识到的意思。"认知的构造已成为现代教育心理学家试图理解学生心理的核心问题。

认知主义学习理论家认为学习在于内部认知的变化，学习是一个比行为主义关注的刺激反应联结要复杂得多的过程。他们注重解释学习行为的中间过程，即目的、意义等，认为这些过程才是控制学习的可变因素。

认知主义学习理论为教学论提供了理论依据，丰富了教育心理学的内容，为推动教育心理学的发展起到关键作用，其主要代表性理论有克勒的顿悟说、托尔曼的认知—目的论、皮亚杰的认知结构理论、布鲁纳的认知发现说、奥苏伯尔的认知同化论、加涅的学习条件论与信息加工学习论、海德和韦纳的归因理论等。

基于认知主义学习理论可知：学习过程是一个学习者主动接受刺激、积极参与并积极思维的过程；学习要依靠学习者的主观构建作用，把新知识同化到他原有认知结构当中，引起原有认知结构的重新构建才能发生，因此学习必须以原有的旧知识为基础来接受和理解新的知识，也只有丰富的知识才能启迪智力的发展，形成良好的认知结构；要重视学科知识结构与学生认知结构的关系，以保证学生有效学习。

认知主义基于此而认为，在教学设计中，应重视对学习者特征的分析，以学习者原有的知识和认知结构作为教学起点；重视学习内容分析，充分考虑学科内容的知识结构和学生认知结构的协调性，以保证学生对新知识的同化和认知结构的重新构建顺利进行。教学设计还特别关注教学策略的制定、媒体的选择以保证学习者积极参与，促进学生有效学习。

（3）建构主义学习理论与教学设计

建构主义学习理论，是认知学习理论的一个重要分支，因其巨大的影响而成为一个独立领域。建构主义强调学习过程中认知主体的内部心理过程，并把学习者看作是信息加工的主体。

建构主义学习理论在对“学习的含义”的理解上，认为知识是学习者在一定情境即社会文化背景下，借助其他人（教师和同学）的帮助，利用必要的学习资料（文字、图像、实物、计算机辅助教学、网络等），通过意义建构方式主动建构事物的性质、规律以及事物间的内在联系。建构主义认为学习是学习者认知结构的组织和重新组织的过程，学习活动是一个“顺应”的过程，即学习者不断地对已有的认知结构作出必要的调整和更新，使他适应新的学习对象，并实现“整合”。

学生学习活动主要是在学校环境中，在教师的直接指导下进行的。因此，建构主义学习理论指出，学习作为一种特殊的建构活动具有社会性质。学习不是一个“封闭”的过程，而是一个需要不断与外界交流的发展与改进的过程，即包含交流、反思、改进、协调的过程。

2．教学理论与教学设计

教学理论是为解决教学问题而研究教学一般规律的理论。教学设计是科学地解决教学问题、提出解决方法的过程，为了解决好教学问题就必须遵循和应用教学客观规律，因此教学设计离不开教学理论。

事实证明，解决教学问题必须研究教学理论、应用教学理论。在教学理论发展历程中，巴班斯基等学者的影响最为显著。巴班斯基把系统方法作为一般科学方法论引入教学理论研究领域，形成了教学过程最优化理论，为教学设计的产生和发展提供了理论依据。教学设计正是根据该理论，把教学理论研究的重要范畴，如教师、学生、目的、任务、内容、形式、方法等要素都置于系统形成之中，加以考察、研究和应用；而斯金纳的程序教学理论、布鲁姆的目标分类理论、布鲁纳的引导—发现法、奥苏贝尔的“先行组织者”教学理论、加涅的信息理论、赞可夫的“以最好的教学效果来促进学生最大发展”的理论、瓦根舍因的范例教学理论都是促进教学设计发展的丰富而坚实的理论基础。可见，把教学理论作为教学设计的理论基础是毋庸置疑的，如果没有教学理论作为教学设计的基础，教学设计就是无水之鱼。

学习理论和教学理论的其他思想都对教学设计形成各种各样的影响，而且不断出现的新的学习理论和教学理论也会对以后的教学设计带来很多影响。因为教学设计本质上是教学的设计，对学习和教学的理解自然会影响教学设计者对教学活动的设计。

（三）技术理论基础：传播理论、设计理论

1．传播理论与教学设计

从信息论的角度来看，教学过程本质上是教育信息的传递过程。因此，它需遵从传播理论的规律。传播理论的研究范围很广，其主张探讨自然界一切信息传播活动的共同规律。传播理论虽然不单纯研究教学现象，但是它给传统的教育研究带来了新的思路和视角。我们可以把教学过程看成是信息的双向交互传播过程，包括信息从教师或媒体传播到学生的过程和信息从学生传播到教师的过程，即师生人际交流的过程，如此则可以利用传播理论来解释教学现象，找出某些教学规律。

教学设计研究过程中主要运用以下经典教育传播理论。

（1）“5W”模式

美国政治学家拉斯韦尔在其 1948 年发表的《传播在社会中的结构与功能》一文中，最早以建立模式的方法对人类社会的传播活动进行了分析，这便是著名的“5W”模式。“5W”模式界定了传播学的研究范围和基本内容，影响极为深远，其内涵（如图 1-2）。

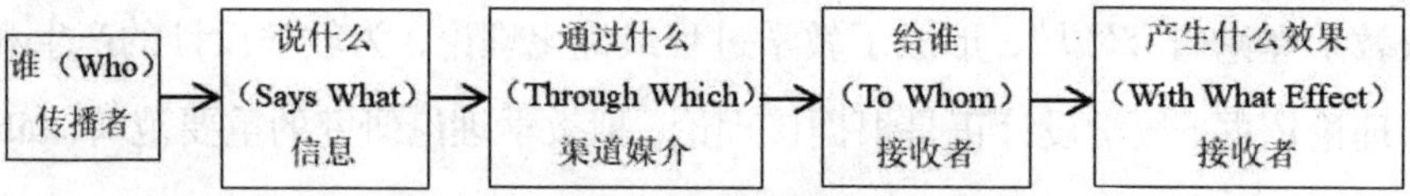

图 1-2　拉斯韦尔“5W”传播模式

拉斯韦尔传播理论明确地说明了传播的概念和过程以及传播的基本要素，其已成为传播的基本理论。但这一模式过于简单，具有以下明显的缺陷：它忽略了“反馈”的要素，并且是一种单向的而不是双向的模式，由此导致当时的传播研究忽略了人们对反馈过程的研究。

（2）香农—韦弗传播模式

1949 年，信息论创始人、数学家香农与韦弗一起提出了传播的数学模式，为后来的许多传播过程模式奠定了基础。

香农和韦弗从信息论的角度提出了一个带有反馈的由七个要素组成的传播模式。用香农—韦弗传播模式来解释教学传播，教师（信源）把教学信息编码后，经信道传送给学生（信宿）。学生把接收到的信号经过译码后，解出教学信息，储存于记忆之中，同时把自己的反应反馈给教师。要想改善教学效果，就要把干扰减少到最小。香农—韦弗传播理论的最大贡献是在传播过程中引入了“反馈原理”（如图 1-3）。

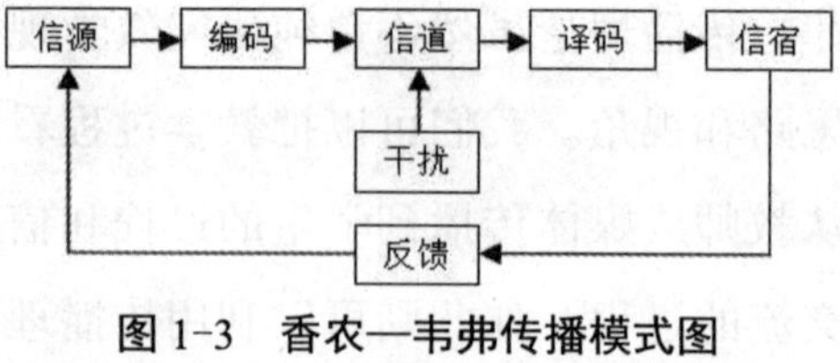

图 1-3　香农—韦弗传播模式图

（3）SMCR 传播模式

贝罗在上述模式的基础上，提出了著名的 SMCR 传播模式。他指出传播的最终效果不是由传播过程中的某一部分所决定，而是由组成传播过程的信息源、信息、通道和接收者 4 个部分，以及它们之间的关系共同决定的（如图 1-4）。

图 1-4　贝罗 SMCR 传播模式图

不论哪种模式的传播过程，均包括 5 个基本要素：传播者、信息、媒体、接收者和效果。布雷多克在“5W”模型的基础上，又增加了 Why（为什么）、Where（在什么情况下）两个要素，构成“7W”模型。把教学传播过程与普通传播过程相比较，可以看出它们有着特定的对应关系（见表 1-2）。

表 1-2　教学传播与普通传播的对应关系表

普通传播	教学传播	教学设计内容
Who 谁	教师或信息源	教师或教学资源分析
To Whom 对谁	教学对象	教学对象的分析
Says What 说什么	教学内容	教学内容的分析
Where 在什么情况下	教学环境	教学环境的分析
Why 为什么	教学目标	教学目标的分析
In Which Channel 通过什么渠道	教学媒体	教学策略、教学媒体的选择
With What Effect 产生什么效果	教学效果	教学评价

2．设计理论与教学设计

正如帕顿在《什么是教学设计》一文中提出的“教学设计是设计科学大家庭的一员”。教学设计“是以系统科学、教育心理学、教学论和设计学等四大学科为基础发展起来的”。[①] 印第安纳大学的瑞奇鲁斯在《什么是教学设计理论及其如何变化》一文中指出，各种教学设计理论的一个重要的特性就是，这些理念都是具

① 李芒．论教学设计学的学科独特性与研究体系[J]．北京：中国电化教育，2005（07）：5-8.

有设计导向的（design-oriented）。很多学者在分析其学科定位时也提到了“作为设计科学的教学设计”这一观点，并在理论基础中提到“设计科学”等概念。由此可知，教学设计是作为设计的一种类型而存在于教育领域的。

教学的设计本质，或更通俗地说，制订教学计划和进行教学的准备，可以被认为是设计科学中的一个子集。教学设计针对的是一定的实际的学习目的，设计者力求创作某种新的教学材料或学生在其中学习的系统。为实现此目的，设计者试图形成对教学条件以及所期望的结果的理解，并使这种理解变为具体的方法，即完成一个从构思到行为再到实现其价值的创造性过程。

当然，教学设计理论本身也在不断发展。在发展中可能会形成新的理论，这些理论会推动教学设计的理论视野不断拓宽和加深。

第二节　中学英语教学设计的基本内涵

一、中学英语教学设计的教育内涵

（一）中学英语教育内涵

人的发展是一切教育活动的逻辑起点与最终目的。中学教育活动作为学校教育活动的重要组成部分，也必须以中学生的发展为逻辑起点和最终目的。因此，中学教育活动的内涵应该指向中学生的发展，这也是中学英语教育的逻辑起点和最终目的。

《中国学生发展核心素养》研究成果于 2016 年 9 月正式公布。[①] 核心素养以培养“全面发展的人”为核心，分为文化基础、自主发展、社会参与三个方面，综合表现为人文底蕴、科学精神、学会学习、健康生活、责任担当、实践创新六大素养，具体细化为国家认同等 18 个基本要点（见表 1-3）。《中国学生发展核心素养》规定了我国学生发展的基本目标，也是我国教育的基本目标。明确学生发展核心素养，一方面可引领和促进教师的专业发展，另一方面可帮助学生明确未

[①] 中国学生发展核心素养研究成果正式公布[N]．北京：中国教育报，2016-09-14（01）．

来的发展方向，激励学生朝着这一目标努力。

表 1-3　中国学生发展核心素养体系

领域	素养	要点
文化基础	人文底蕴	人文积淀，人文情怀，审美情趣
	科学精神	理性思维，批判质疑，勇于探究
自主发展	学会学习	乐学善学，勤于反思，信息意识
	健康生活	珍爱生命，健全人格，自我管理
社会参与	责任担当	社会责任，国家认同，国际理解
	实践创新	劳动意识，问题解决，技术运用

对于我国学生核心素养体系所规定的“国际理解”等素养，外语学科具有独特的学科教育优势。为此，我国外语课程确定了“语言能力、文化意识、思维品质、学习能力”为学科教育的核心素养目标，中学英语课程也当以此为基本目标。

由此可知，中学英语教学设计应该以发展学生核心素养为基本目标，以语言能力、文化意识、思维品质、学习能力为学科教育目标，这是中学英语教学设计的最核心内涵。

（二）中学英语课程内涵

《义务教育英语课程标准（2011 年版）》规定了整个义务教育阶段英语课程的总体目标，即：“通过英语学习使学生形成初步的综合语言运用能力，促进心智发展，提高综合人文素养。”

《普通高中英语课程标准（2017 年版）》规定了高中阶段英语课程的总体目标，即：“普通高中英语课程的总目标是全面贯彻党的教育方针，培育和践行社会主义核心价值观教育，落实立德树人根本任务，在义务教育的基础上，进一步促进学生英语学科核心素养的发展，培养具有中国情怀、国际视野和跨文化沟通能力的社会主义建设者和接班人。”

基于课程的总目标，高中英语课程的具体目标是培养和发展学生在接受高中英语教育后应具备的语言能力、文化意识、思维品质、学习能力等学科核心素养。英语学科核心素养各要素的发展以三个水平划分。通过英语课程的学习，学生应能达到本学段英语课程标准所设定的四项学科核心素养的发展目标。

无论是初中还是高中，都属于基础教育，绝大多数学生都以基础性目标为基本目标，高中阶段的三级目标属于高层次目标，基础性目标只是一级目标。显然，中学阶段英语课程的目标应强调“基础”，尤其是面向全体学生的课程目标，更应该是基础性目标。语言运用能力的形成，是建立在语言技能、语言知识、情感态度、学习策略和文化意识等方面整体发展的基础之上，语言知识和语言技能是综合语言运用能力的基础；文化意识有利于正确地理解语言和得体地使用语言；有效的学习策略有利于提高学习效率和发展自主学习能力；积极的情感态度有利于促进主动学习和持续发展。

对核心素养而言，语言能力是中学英语课程的基本目标，文化意识、思维品质、学习能力则是相关目标。考虑到中学英语课程的基础性，其语言能力目标是初步的、基础的英语语言运用能力，文化意识、思维品质、学习能力的目标则基于中学生身心发展规律而确定。

（三）中学英语教学内涵

根据中学生的生理和心理发展需求，中学英语教学通常具备以下特点：教学内容贴近生活，符合中学生兴趣的需求；语言功能、结构、话题、任务有机结合；教学方法多样，生动活泼，激发学生的学习兴趣；教学组织和课堂安排灵活，以学生为主体，有利于充分调动学生的积极性；采用多媒体的现代化教学手段，创设良好的语言环境和充分的语言实践机会，优化教学过程；运用激励机制，评价形式多样化，鼓励中学生积极进取。

中学英语教学方法众多，无论是经典的语法翻译法、直接法、听说法、情境法还是交际法、任务教学等，都对中学英语教学有着或此或彼的作用。对一些具体的教学内容，不同的方法有不同的作用。中学英语教学设计就是根据不同的教学内容、教学目标、学习者特征、教学条件等，选择恰当的教学方法，形成科学、合理的教学过程、教学策略、教学活动等，引导学生提高英语运用能力。

中学英语教学必然包含中学英语课程的教育性，尤其是文化意识、思维品质的发展，更是中学英语教育的基本内涵，学习能力也在其中。

二、中学英语教学设计的语言内涵

如前文所述，教学设计是一种基于现代学习理论的现代教育技术，是教师基于学习者特征、学习需要等教学背景进行分析的基础，设计教学目标、教学策略、教学过程，选定教学媒体，并进行评价反馈，以进行教学准备的过程。

中学英语教学设计就是教师基于中学生的特征、学习需求等教学背景进行分析的基础，设计中学英语教学目标、中学英语教学策略、中学英语教学过程，选定中学英语教学媒体，并进行评价反馈，以进行中学英语教学准备的过程。

无论是行为主义学习理论、认知主义学习理论、建构主义学习理论或是其他学习理论，都对语言学习有诸多探讨，形成了丰富的语言学习理论。行为主义学习理论的刺激—反应（S-R）对于语言学习，尤其是外语学习的知识记忆与技能掌握都是不可或缺的学习行为。认知主义学习理论的感知觉、记忆、提取、鉴别、比较、分析、综合等信息加工活动是语言学习，尤其是外语的知识学习与“听”“读”技能训练的重要的学习活动。建构主义学习理论的学生中心理论、自我建构理论、语境理论都是语言学习，尤其是外语学习的重要理论基础。因此，外语学习是一种在语境等因素的刺激下，经过信息加工，自我建构相关外语知识和外语技能，形成提高学生外语运用能力的活动。

为了提高英语学习的有效性，了解英语学习理念的英语教师应该在教学准备时，坚持以学生为中心，精心设计英语学习的刺激源、信息加工的过程、自我建构的过程与策略等，以引导学生提高相应的英语运用能力和相关素养。

三、中学英语教学设计的设计内涵

教学设计是一种基于系统理论、传播理论、设计理论的教育技术，这些技术对于英语学习非常重要。英语学习是一项系统工程，无论学习目标、学习内容、学习过程、学习活动，还是评价活动，都应基于系统理论进行设计。

中学英语教学作为一种教育传播活动，特别是在英语资源非常匮乏环境下的传播，中学英语教师应准确分析传播内容、传播对象，合理设计传播方法等，这样才能实现有效传播，促进学生的自我建构。

中学英语教学设计作为一种设计活动，中学英语教师应科学把握教学方法、学习过程、学习活动、评价活动等特征，才能科学地设计教学。此外，教学设计作为教师的预设，在学生的自我建构过程中，教师可能面对无限的生成现象，因此要充分把握教学设计的可修改性，根据学生真实的学习过程，不断修改、调整教学过程和教学活动等，促进学生英语运用能力的提高与核心素养的全面发展。

在我国当前的中学英语教学实践中，中学英语教师对中学英语教学设计的教育教学内涵、语言内涵把握较多，而对其设计内涵了解略少。为此，中学英语教学设计需突出和强调其设计特性，从而使教学设计更为科学，使教学更为有效。

第二章　中学英语教学设计的主要模块

第一节　中学英语教学目标设计

一、中学英语教学目标内涵

（一）教学目标的内涵

教育作为人类的一种生存实践活动，其本质在于其目的性。每一项教育行动都是指向某个目的的一个过程的一部分。在课程教学之中，教育目的落实为具体的教学目标。从教育目的到教学目标，通常有着所显示的落到实处的过程（如图 2-1）。

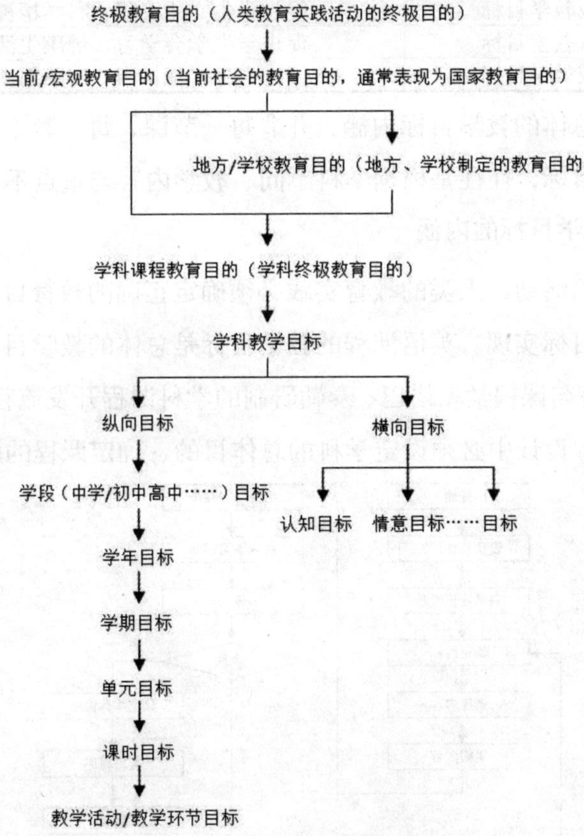

图 2-1　从教育目的到教学目标

这些不同层次的教育目的有着内在的从属关系。也就是说，课堂教学中每一个具体的教学活动、教学环节的教学目标应全面充分体现单元目标，每个单元目标应全面充分体现学期目标，进而学年、学段目标，应全面充分体现学科教育目的。学科教育目的应全面充分体现地方、学校教育目的和当前宏观教育目的，地方、学校教育目的也应充分体现当前宏观教育目的，而当前宏观教育目的应全面充分体现终极教育目的。

基于此，教学目标应充分体现教育目的。核心素养作为我国教育的基础，教学目标的内涵也就必然指向核心素养的三大领域、六大素养，形成教学目标的基本内涵（见表 2–1）。

表 2–1　教学目标的基本内涵

领域	目标
文化基础领域教学目标	促进学生文化底蕴、科学精神素养发展
自主发展领域教学目标	促进学生学会学习、健康生活素养发展
社会参与领域教学目标	促进学生责任担当、实践创新素养发展

当然，这是总体的教学目标内涵，并非每一节课、每一教学活动都需要实现每一领域的每一目标，往往是根据学科不同、教学内容与重点不同而有所侧重。

（二）英语教学目标的内涵

作为有目的的活动，人类的教育实践必须确定正确的教育目的，并通过学科课程教学的教学目标实现。英语课程的教学目标是总体的教学目标在英语课程的全面充分体现。著名课程学家塔巴、泰勒研制的学科课程开发流程图（如图 2–2），就明确指出在课程设计中必须设定学科的总体目的、确定课程的课程目标。

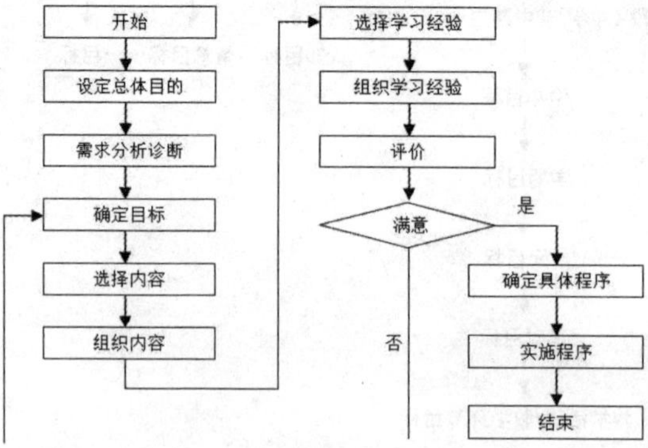

图 2–2　学科课程设计流程图

基于英语学科的内容优势，英语学科形成了自身的学科素养发展目标，即语言能力、文化意识、思维品质、学习能力。

教学目标是指教学活动实施的方向和预期达成的结果，是一切教学活动的出发点和最终归宿，它是教育目的在具体教学中的体现。教学目标必须体现促进学生发展这一根本性的教育目的，也就必须落实我国学生发展的核心素养这一目标体系，中学英语教学目标应体现英语学科核心素养的要求，即应包括语言能力、文化意识、思维品质、学习能力四项基本内涵。

作为英语学科的核心素养的语言能力，是指在社会情境中，以听、说、读、看、写等方式理解和表达意义、意图和情感态度的初步能力。英语语言能力构成英语学科核心素养的基础，是学生发展文化意识、思维品质和学习能力的依托。英语语言能力的提高有助于学生拓宽文化视野，丰富思维方式，在全球化背景下开展跨文化交流。

文化意识作为英语学科核心素养，是指对中外文化的理解和对优秀文化的认同，是学生在全球化背景下表现出的文化意识、人文修养和行为取向。文化意识体现了英语学科核心素养的育人价值取向。文化意识的培育有助于培养学生跨文化视野，增强国家认同感和家国情怀，学会做人做事，成长为有文化修养和社会责任感的人。

语言与思维密切关联，思维品质是英语学科不可或缺的核心素养。作为英语学科的核心素养，思维品质是指人的思维个性特征，反映其在思维的逻辑性、批判性、创造性等方面所表现出的能力和水平。思维品质体现了英语学科核心素养的心智发展。思维品质的发展有助于提升学生分析问题和解决问题的能力，使学生从跨文化的视角观察和认识世界，对事物作出正确的价值判断，促进学生的深度学习。

中学英语学习是学生终身英语学习的基础，学习能力是中学英语教学应该发展的学生核心素养。学习能力是指学生积极运用和主动调适英语学习策略、拓宽英语学习渠道、努力提升英语学习效率的意识和能力。学习能力构成英语学科核心素养发展的必要条件。学习能力的提高有助于学生在英语学习中的自我管理，养成良好的学习习惯，拓宽学习渠道，提高学习效率。

所以，英语学科的教学目标需基于此展开（见表 2-2）。

表 2-2　英语学科教学目标的基本内涵

领域	目标
文化基础领域教学目标	促进学生英语语言能力、文化意识、思维品质发展
自主发展领域教学目标	促进学生学习能力发展
社会参与领域教学目标	促进学生国际理解等素养要点所需的语言能力、文化意识、思维品质的发展

这是英语学科的总体目标。在每一单元之上的教学目标，必须全面充分体现总体目标的每一维度。至于每一课时、每一环节、每一活动的教学目标，则是一个单元的总体目标的组成部分，可能是总体目标的每一维度的落实，也可能只是其中一部分维度的落实，尤其是落实到每一课时，可能需要包含所有维度的目标，也可能只是其中一部分维度的目标。当然，中学英语教学目标的内涵不仅包含英语学科的核心素养，更是核心素养的具体化。中学英语学科目标的具体内容很丰富，在《义务教育英语课程标准（2011 年版）》《普通高中英语课程标准（2017 年版）》中有详细规定，中学英语教材以教学内容形式详细、全面、深度解读了课程标准所规定的中学英语教学目标，我们需要基于课程标准和教材把握教学目标。

教学设计强调学生作为起点，教学目标设计也必须基于学生进行规定，将核心素养、课程标准、教材所规定的中学英语教学目标整合为以学生为中心的教学目标。

二、中学英语教学目标确定与表述

（一）中学英语教学目标的确定

教学目标对课堂教学的作用是引导教学活动的展开，通过分析教学内容、教学重难点和学生的原有学习基础，设定学生可以达到的目标，以引导学生自主、积极地参与到实现目标的教学过程之中。教学过程中的任何教学活动都是为了实践某一或某些教学目标而开展的，设计指向目标的教学活动，须从每个单元、每一堂课，甚至是每一个活动的目标着手。

确定教学目标，首先必须明确课程目标，将教材中的单元目标与课程目标进行比较，建立联系，然后根据教材的具体内容确定单元教学目标，进而基于学习需求等，设计出课时教学目标、活动教学目标。如果教材与课程标准的要求是一致的，那么，在确定单元教学目标和课堂教学目标时，应依据以下评价标准确定教学目标。

第一，以单元为长度单位分析教材，确定基于单元的课时语言知识和技能目标。教师在进行教学设计时，需要考虑到单元整体的教学目标，并以打牢学生的学习基础为原则，以提高学生知识的综合运用水平为目的。

第二，基于学生已有水平确定恰当的语言知识和技能目标。学生是教学目标的主体，教学目标主要体现了学生学习前后知识与技能的变化。在这个基础上，教师确定教学目标，制定恰当的教学内容，实现学生在语言知识和技能上的提升。

第三，结合语料将宏观和具体的情感态度目标相结合，并在教学中显性或隐性渗透。中学英语中主要是对学生的情感态度目标加以强调，要让学生有兴趣听英语、说英语、唱歌、讲故事、玩游戏等。学生个体的兴趣培养和自信心建立是中学阶段英语教学十分重要的宏观的学科教学目标，所以应该在课堂教学中注重学生的德育培养、价值观建构，并自然而然地进行引导。

第四，要尽可能挖掘教材文本语料中已有的隐性学习策略和文化意识目标，并将其显性化。语言和文化密不可分，所以教师应注重学习策略目标和文化意识目标，这样才有利于学生形成自主学习能力，实现个性化学习。

应在理解教学目标内涵的基础上确定中学英语教学目标，这就要求教师对教材进行研究，对学生的特点进行分析，制订出合理、恰当、具体的课堂教学目标，以此促进学生的学习和自我发展。

单元教学具有单元整体性，所以单元教学目标需要覆盖核心素养的各个领域，但课时教学目标则是单元目标的具体化，可以基于教学内容、学习过程、学生特点，而细化到不同领域。每一课时有所侧重，以一个单元所有课时的目标共同实现单元目标，而不是每一课时都落实单元每一领域的目标。

单元目标落实到课时，不仅要分析教材设计中单元整体的教学过程，还要考虑符合学生学习过程规律，既包括从语言接触到语言学习再到语言运用的一般过程规律，也包括各个环节、活动的过程性。课时目标应采用“语言能力+”的方式设计，即课时目标必须具有语言能力目标，以此为基础合理增加其他目标，可以包括所有四项核心素养，也可以包括一项、两项等。

课时目标也需要考虑到每一教学环节、教学活动自身的过程性，不仅要符合课堂教学从导入、学习、训练、运用等一般环节过程的特性，还要符合每一活动自身过程的特性。

（二）中学英语教学目标的表述

在教学设计中，应采用表现性目标取向表述教学目标，具体到每一单元的整体教学目标和每一堂课的具体教学目标采用行为动词的表述方式，如用“说出，读准，熟悉”等来表述学生学习的行为表现。

行为动词的表述要以学生的学习所得为对象，采用“学习、体验、了解、运用”等，而不能以教学行为为对象，如“教授，练习，引导学生”等。

在表述教学目标时要注意教学目标的层次性。不论是阅读、听力、词汇还是语法，都包含不同等级的教学目标，如理解、记忆、应用、分析、评价、创造。

在描述教学目标时，可以基于《义务教育英语课程标准（2011 年版）》《普通高中英语课程标准（2017 年版）》表述学习目标的形式，从教学行为视角进行描述。

基于《义务教育英语课程标准（2011 年版）》所规定的义务教育五级总体目标，同时基于某一具体教学内容，可以从教学行为视角形成这样的教学目标。

例如，通过引导学生对 Unit 1 阅读课文中如何克服英语学习困难的方法是否适合自己展开讨论，促进学生进一步发展形成较明确的英语学习动机、积极主动的学习态度和自信心。

通过引导学生对 Unit 1 听说课文中如何克服英语学习困难的方法展开讨论，进一步发展学生听懂有关熟悉的话题（如何克服英语学习困难）的陈述并参与讨论的能力。

通过引导学生在学习 Unit 1 课文后讨论如何克服英语学习困难，进一步发展学生就日常生活的相关话题（克服英语学习困难）与他人交换信息并陈述自己的意见的能力。

通过引导学生在学习 Unit 1 过程中阅读更多克服英语学习困难的方法介绍与经验分享的文章，进一步提高学生读懂相应水平的读物，克服生词障碍、理解读物大意的能力。

通过引导学生在学习 Unit 1 过程中阅读更多克服英语学习困难的方法介绍与

经验分享的文章，进一步提高学生根据阅读目的运用适当的阅读策略的能力。

通过引导学生在学习 Unit 1 过程中讨论如何写作短文分享克服英语学习困难的方法与经验，进一步提高学生根据提示独立起草和修改小作文的能力。

通过引导学生在学习 Unit 1 过程中开展小组合作，寻找克服英语学习困难的有效方法，进一步提高学生与他人合作、解决问题并报告结果、共同完成学习任务的能力。

通过引导学生在学习 Unit 1 过程中就克服英语学习困难的方法的有效性进行自主评价，进一步提高学生对自己的学习进行评价、总结学习方法的能力。

通过引导学生在学习 Unit 1 过程中寻找更多克服英语学习困难的方法介绍与经验分享的资源，进一步提高学生利用多种教育资源进行学习的能力。

通过引导学生在学习 Unit 1 过程中比较英语与汉语 / 中文（母语）学习的差异，以及基于英语与汉语 / 中文（母语）的差异学习英语、加深汉语 / 中文（母语）理解的可能，进一步增强学生对文化差异的理解与认识。

基于《普通高中英语课程标准（2017 年版）》语用知识的能力目标，同时基于某一具体教学内容，可以从教学行为视角制定学习目标。

通过引导学生在必修一 Unit 4 阅读“外国老师请你为外国中学生录制视频介绍中国中秋节文化”的电子邮件，提高学生读懂对方如何选择符合交际场合和交际对象身份的语言形式，如正式与非正式语言，表达问候、介绍、告别、感谢等，保持良好的人际关系的能力。

通过引导学生对必修一 Unit 4 如何回复电子邮件内容的学习、如何根据电子邮件要求和外国中学生特点录制视频的讨论，提高学生运用得体的语言形式回应对方观点或所表达的意义，进行插话、打断或结束交谈，并在口语交际中有效运用非语言形式，如目光、表情、手势、姿势、动作等身体语言的能力。

通过引导学生对必修一 Unit 4 外国老师发来的介绍外国感恩节文化视频与文字材料的学习，根据交际具体情境，正确理解他人的态度、情感和观点，运用得体的语言形式，如礼貌、直接或委婉等方式，表达自己的态度、情感和观点。

同时教师可引导学生在必修一 Unit 4 进一步实现较高的语用知识目标要求，

在对中秋节与感恩节的比较中，进一步开展深入的跨文化沟通，正确理解他人的态度、情感和观点。根据交际场合的正式程度和行事程序，选择正式或非正式、直接或委婉的语言形式，表达自己的态度、情感和观点，体现文化理解，运用得体的语言进行跨文化交际（此为选修 I 阶段语用知识要求，但部分准备高一阶段完成高中英语必修阶段英语学习的学生，可以从高一入学起就学习选修课程，以选修标准为学习目标）。

课程目标不是直接的教学目标，而是需要我们基于教学内容、学习需求等要素将其描述为教学目标。

以上是从课程视角对教学目标的描述，我们还可以从学生学习行为视角描述教学目标。此时，我们可采用以下常用的说明行为目标的动词及其搭配形式，描述教学目标。

学习（课文、语词、语句……）

识别（语词、不同语句结构、图形……）

了解（知识、过程、原因……）

知道（相同与不同，分类……）

区分（不同语义、不同过程……）

感知（语音、语调、色彩之美……）

朗读（单词、基于语用目的的不同语调……）

记忆（所学单词、故事情节……）

理解（故事主旨大意、人物关系、因果关系……）

听懂（语义、人物语气、时间、地点……）

运用（所学单词、语句结构……）

掌握（所学语词、语句结构……）

书写（语词、语句结构……）

评价（朗读的正确性、书写的正确性……）

写作（日常生活对话、介绍自己的短文……）

修改（自己的写作、他人的语法错误……）

发展（思维能力、判断能力……）

当然，具体的目标不同，动词则不同，搭配也不同。

目标表述方式很多，比较简洁的方式是“ABCD”表述方式。目标表述要注意对象（audience），教学对象是几年级的学生。目标要针对主要行为（behaviour），说明学生通过学习后能做什么。目标还要有明确的实现目标的条件（condition），说明在教学过程中的行为在什么条件下产生。最后还要说明目标实现的程度（degree），是哪一层面的学生，多少学生，掌握到什么程度等等。

例如，本班全体学生通过学习课文，感知运用形容词说明理由的表达方式和思维特性，80%学生在训练之后能口头运用，其中30%能书面运用所学形容词说明理由。

在英语学习中词汇、语法、句型等作为知识也表现出不同的层次。例如，知识可以分为事实性知识、概念性知识、程序性知识和元认知知识，所有这些知识都要表现记忆、理解、应用、分析、评价和创造六个层次，所以词汇教学也应该包含对词汇信息、意义和功能的表述，对词汇意义的理解和应用，以及对词汇的创造性运用。

第二节　中学英语教学策略设计

一、中学英语教学组织策略设计

教学是有组织的活动，班级教学需要对学生进行组织，通常有班级、小组、个人等不同的组织形式，而且不同组织形式有着不同的策略。教学也需要对教学内容、教学活动进行组织，如什么内容先讲、什么活动随后进行等。显然，中学英语教学设计的组织策略首先是对教学形式的组织，即根据教学目的选择集体授课、小组学习、个人学习等形式实施教学，以实现教学教育目标；然后是对教学内容、教学活动的组织，主要是学习与活动材料的教学顺序和教学活动形式的设计，以帮助学生理解、记忆、掌握、运用所学知识，形成语言能力，实现文化意识、思维品质、学习能力的发展目标。

教学设计要求对教学形式、教学内容、教学活动进行必要的组织，这种组织有着不同的策略。教学组织策略是指教师在一定教学理论指导下，根据对具体教学任务以及教学情境的理解和认识，为实现教学目标、达到合理的教学效率，对教学形式、教学内容、教学活动的选择、安排进行设计的系统行为。

（一）中学英语教学组织形式

在当代教育实践中，教学组织形式有四种基本形式：班级教学、小组教学、个人学习、网络学习组织形式。班级教学是教师向一个班级的学生传递教学信息的教学组织形式；小组教学是教师通过组织班级内的学生形成不同的小组传递和分享教学信息的教学组织形式；个人学习是教师指导学生个人根据学生自己的选择接收和获得教学信息的教学组织形式；网络学习组织形式是基于信息技术尤其是互联网技术发展带来的新的教学组织形式，学生可以与计算机进行互动学习，也可以与同一网络空间的同伴组成虚拟小组、班级进行学习，当然也可以与实际小组、班级同学在网上进行互动学习。

个人学习是人类历史上最早出现，也是最本质的学习形式。随着人类的社会化分工，教学需要强调规模效益，班级就开始出现了。在班级教学中，教师可以根据不同的学习风格、学习基础把学生分成若干小组进行教学。

在具体的教学实践中，教师往往会根据学生情况、教学内容等，综合使用三种不同的组织形式，因为教学的这三种组织形式各有所长，也各有所短，适合使用的条件和对象也各不相同。

在英语课堂教学中，教师在讲解课文或说明语法内容时，通常会采用班级授课的方式；在组织任务实施时，教师通常会将学生分成小组；而对于需要记忆、背诵的内容的学习只能依靠学生自己个人的努力去完成。

当然，教师应该根据教学需要，最大限度地使用不同的教学形式。以小组教学为例，教师应该尽可能根据教学目标，将学生分成小组。若任务需要不同能力的学生的配合才能完成，教师应该根据学生能力水平，把不同能力的学生分在同一小组，而不是把同一能力水平的学生分在同一小组。但若任务是需要同一能力水平的学生才能完成，就自然应该根据学生水平分小组。

只有一切从学生实际出发、一切从学习目标出发，教师才能最大限度地选择恰当的组织形式。课堂教学活动是最主要的学校教学活动，与课外活动相比较，其目的性更强，学习效率更高。根据中学英语课堂教学活动可分为知识与技能的展示与呈现、语言知识与技能训练、语言应用实践及策略、学习评价等环节。这些环节可以根据具体的教学要求，按照不同的顺序展开，而且常常在课堂教学中交替进行。下面从班级教学活动组织策略、小组教学活动组织策略、个人学习活动组织策略、网络学习组织策略等方面分别进行说明。

1．班级教学组织策略

班级活动组织策略是指为完成特定教学任务，把一定数量的学生按年龄与知识程度编成固定的班级开展的一系列教学活动组织形式。在班级组织授课中，同一个班的每一个学生学习内容与进度必须一致，班级组织活动注重集体化、同步化、标准化，其最大优点是效率提高，便于统一管理、统一教学、节约资源等；而缺点是不能照顾到学生的个别差异，不能对学生进行个别指导，不利于培养学生的兴趣、特长，不利于发展学生的个性。因此，教师在组织班级活动教学过程中应充分运用其优势，避开其缺点。中学英语教学属于语言教学，教师在教学过程中更要利用其特点。

班级教学是中学英语教学的最基本形式，但中学英语教学往往需要针对个人的学习成效检查与学习指导，甚至示范，同时很多活动可能以小组形式展开。所以，班级活动本身也包括班级活动中的小组活动、个人学习活动。尤其是在班额较大的时候，班级教学更需要通过小组活动、个人学习等，以达到预设的教学成效。

2．小组教学组织策略

小组教学打破传统的年龄编组方法，按学生能力或学习成绩、学习风格、学习优势等的异同进行分组教学，目的是解决班级授课不易照顾学生个别差异的弊病。

分组教学类型主要有能力分组、作业分组、优势分组、风格分组等。能力分组是根据学生的能力发展水平来分组教学的，各组课程相同，学习年限各不相同。作业分组是根据学生的特点和意愿来分组教学的，各组学习年限相同，课程则各有不同。优势分组是根据学生完成学习任务所需的优势，进行合理的分组，包括相同优势小组、不同优势小组等。风格分组与优势分组相同，即根据学生完成学习任务所需的风格，进行合理的分组，包括相同风格的同质小组、不同风格的异质小组等。

分组教学一般有内部分组和外部分组。内部分组是在传统的按年龄编班的班级内部，根据学生能力或学习成绩的发展变化情况分组教学。外部分组是在班级外部根据两种情况进行分组，一种是在新生入校时按考试成绩分班；另一种是对已学习了一定年限的平行班的学生重新按现时的考试成绩分班，然后开设不同层次的课程，如英语 A、英语 B 等。

分组教学最显著的优点在于它比班级上课更切合学生的水平和特点，便于因材施教，有利于人才的培养。但是，它仍存在一些较严重问题，一是很难科学地鉴别学生的能力和水平；二是在对待分组教学上，学生、家长和教师的意愿常常与学校的要求相矛盾；三是分组后造成的弊端较大，往往导致学习困难学生的学习积极性受损。合理的分组教学的组别设计，应该是分目标的组别，而不是分成绩的组别。

小组学习的关键在于开展合作，而不是小组内的个人学习。合作学习是一种教学活动和教学策略体系，是教师以学习小组为单位组织教学的一种手段，通过指导小组成员展开合作，发挥群体的积极功能，提高个体的学习动力和能力达到完成特定教学任务的目的。小组合作学习一般包含五个基本要素：根据学习目标需要进行编组、确定小组共同目标与组员个人目标、小组成员之间形成积极互动、但每个成员承担相应个体责任、在活动过程中和最后进行小组评价。

3．个人学习组织策略

个人学习活动的组织策略就是指在教学中根据学生个体差异选择特定的教学方法，为完成一定的教学任务而采取的教学与管理方法。个体的差异包括生理和心理上的差异、情感和非情感方面的因素。尊重个体差异、因材施教是人类教育经久不衰的话题，因为这是促进教学成效提高的重要途径。

个人学习的关键在于自主学习。自主学习强调应根据自主学习的理念为学生创建支持性的学习环境，使学生学会自我管理和自我评价，逐渐成为自主学习的学生。因此，为学生创设和谐、互助、自主的环境是自主学习教学过程的核心部分。也就是说，教师向学生提供一定的学习材料，以学生自主学习为主，以相互学习和教师指导为辅，促进学生知识和能力的发展。由于自主学习教学过程能够促使不同的人获得不同的发展，开展差异性教学，可激发和增强学生的学习兴趣，有利于学生主体作用的充分发挥，能较好地实现教学的情感目标。

在自主学习活动组织教学中，教师鼓励学生采用不同的学习途径或方式，不强求一致，尊重并帮助学生发展自己个性化学习的途径和方式。每个学生的认知风格各有不同，有的学生喜欢独立思考，表现为独立风格（Field independent）的学习特点，而有的学生则更愿意与他人交流，表现为依存风格（Field dependent）的学习特点。对同一个问题的解决，学生可以通过独立思考的途径，也可以通过学生之间合作交流的途径。对同一个观点的认同，学生可以选择接受式学习方式，也可以选择有意义的发现式学习。

需要强调指出的是，自主学习并非指学生根据学习材料自学。事实上，自主学习教学模式提倡以合作交流为主的小组教学。通过小组教学，学生作为学习活动的积极参与者，在与他人的积极合作过程中，不仅能够实现信息与资源的共享与整合，使自我认知能力得以扩展和完善，而且还能够培养学生的合作精神和群体意识。例如，教师在设置问题时，应向学生提供符合学生的认知能力水平、有针对性、有层次的问题情景，鼓励学生主动探索，从不同的角度探究问题中可能隐含的条件和规律，然后在组内交流各自的想法。这样，才能培养学生独立思考的好习惯，才能达到小组教学的良好效果。

从学生的全面发展要求看，自主学习教学组织策略应注重教育学生学会学习，培养学生能够科学地提出问题、探索问题、创造性地解决问题的能力。在自主学习教学过程中，教师并非旁观者，在向学生介绍新材料或新任务、提出新问题时，教师应起到学习活动组织者或引导者的作用。在开展学习活动时，教师应起到合作者和促进者的作用，在参与学习活动的过程中，发现学生理解问题的角度、深刻程度以及存在的问题，并适时介入，或肯定学生在讨论中所持的正确的观点，或引导学生的讨论活动。当发现学生遇到困难时，教师就成为点拨者，帮助学生排除思维过程中的障碍。同时，教师要起到心理咨询者的作用，引导学生学会倾听、理解、分享，鼓励学生不断树立参与学习活动的信心。教师还要起到发现者的作用，善于发现学生提出的富有创意的见解或独具特色的问题解决方式。

思维情境是激发学生自主学习兴趣的动力源。自主学习教学过程要求教师根据学生的认知水平、已有的知识和学习体验，设法挖掘学生原有知识和课本内容之间的联系，并将课本中的结论性知识重新组织成能够得出这一结论的、具有科学性特征的语言信息。这种具有知识性、趣味性和讨论价值的“可学习”的材料，如果能够引发学生的好奇心，贴近学生的知识和体验，落在学生最近发展区，那么学生就更容易入情入境，对学习活动产生浓厚的兴趣和强烈的探索欲望，同时自主学习行为的产生也就成为可能。

4．网络学习组织策略

基于信息技术发展，尤其是互联网技术的发展，学习可以在网络上进行。基于网络技术建设的外语学习空间，能记录学生学习的全过程，通过人机互动，建构自适应学习过程，还能为外语学习创设真实外语语境。

学生基于网络进行学习，首先是学生自己与计算机的人机互动，计算机对学生的基本信息、学习过程的记录、分析、处理，然后是学生与网络的互动、学习网络上呈现的教学内容、开展相应活动、完成所分配任务等。

学生基于网络的学习，更是与网络同伴、网络教师的互动，是在网络空间的学习，这种学习更能够适应学生的不同需求、不同兴趣、不同风格等。学生可以非常便捷地基于相同学习要素组成虚拟学习小组、班级，也可以非常便捷地基于不同学习要素进行组合，从而可以进行更为个性化的学习。

网络学习组织形式还在快速发展之中，移动互联网的发展将为网络学习这种教学组织形式带来更大的变革与更加丰富的可能。

（二）中学英语教学内容组织策略

教学内容是教学的基础，中学英语教学内容包括发展学生语言能力、文化意识、思维品质、学习能力等各方面内容，尤其是语言知识、语言技能等显性内容。中学生的思维主要是形象思维，而以观察、发现、归纳语言规则为主的语言知识教学，需要更多的抽象思维。基于中学生的形象思维进行语言知识教学，显然需要对语言知识进行非常合理的组织。其他教学内容也是如此。基于研究与实践，中学英语教学内容的有效组织策略主要包括有机整合组织策略和支架式组织策略。

1．有机整合组织策略

中学英语学科教育属于中学教育的一个学科，既具有中学教育的整体性，也具有学科的整体性，无法从中学教育中切分出英语，也无法从英语教育中切分出教育。同时，语言自身也具有整体性，语言运用是对所需语言知识、语言技能、语言能力的整合，也包括对语言相关的文化、思维的整合，因为没有任何语言运用的形态只是某一种知识、某一种技能的运用，语言运用的形态应该是多种知识与技能的整合，以及与相关因素的整合。即使是学习朗读字母 A，也需要字母知识、语音知识与听、读（朗读）、看的技能的整合，而实际上朗读字母 A 并不能直接形成语言能力，这其实只是字母 A 学习目标的组成部分，更为合理的基于运用的目标则是能运用字母 A 读音进行说明，如 An A（Here's an A. I've got an A）! Hooray! 如此而言，朗读字母 A 则包括了字母、语音、词汇、语法知识，以及听、说、读、看的技能，以及对文化、思维、学习能力的整合。

整合学习（integrative learning）有着不同层次的内涵。在教育层面，整合学习是指不同教育领域、不同经验世界、不同学科课程的整合。在英语学科，基于课程标准的表述，整合学习是指学生在主题语境中，基于语篇，通过语言技能活动，运用学习策略，获得、梳理、整合语言知识与文化知识，理解与赏析语言，比较与探究文化，评价与汲取文化精华。

根据英语课程标准的解读，英语课程中的整合学习是一种为了有效促进学生英语学科核心素养发展，基于学生英语学习机制与学习需要的学习路径。在整合学习中，学生在主题语境中，基于语篇通过开展语言技能活动，运用学习策略，获得、梳理、整合语言知识与文化知识，理解与赏析语言，比较与探究文化，评价与汲取文化精华，实现核心素养发展目标。主题、语篇是整合学习的语言条件。开展语言技能活动，获得、梳理、整合、运用语言知识与文化知识，运用学习策略，理解与赏析语言，比较与探究文化，评价与汲取文化精华，是整合学习的具体活动。学习活动要基于主题、语篇提供或设定的语言条件。

英语课程的整合学习不是六要素的全部整合，而是根据学习需要进行的有机整合，但主题与语篇是基础。阅读之中可能整合阅读技能、听说技能、写作技能，可能整合学习策略，但也有可能没有整合语言知识学习，甚至可能没有整合文化比较与探究。有机整合的关键在于学生学习需要。

从层次而言，英语学科的整合学习也可以分为跨领域的整合（学校与社会等）学习、跨学段（小初高大）的整合学习、跨学年与学期等整合学习、跨教材的整合学习、跨单元与单元内、跨板块与技能和活动的整合学习、跨素养的整合学习等。在实际教学之中，更需要我们大力实践的，是基于主题与语篇的跨要素的整合学习，尤其是将语言知识与技能整合到主题与语篇之中的整合学习。

2．支架式组织策略

任何学习都是从已知到新知的过程，这一过程要求我们合理地搭建梯子帮助学生通过学习从已知到新知，这样学生才能基于有限的课时掌握所学内容。这种为学生的学习搭建梯子的方法就是支架式教学。支架式教学（scaffolding instruction）就是先建立情景以使学生成功开始学习，然后随着学生逐渐熟练，教师逐渐撤除支架，交由学生自主学习的过程。

支架的搭建，要基于学生的最近发展区（Zone of Proximal Development，ZPD），也就是学生现有发展水平与即将达到的发展水平之间的发展区域。学生独立解答问题时反映的是他们现有的发展水平，而在老师的指导下或与能力更强的同伴合作下完成问题所体现的，则是学生即将达到的发展水平。因此，支架式教学就是利用最近发展区进行教学，这也就意味着支架式教学给学生提供了相应的支持，使其获得比独立学习更高的发展水平。

支架式英语教学可以使用以下六种教学支架方式。

（1）提供学习模板或范例（modelling）;

（2）桥接新旧知识与认识（bridging）;

（3）基于学生经验背景提供教学内容情景（contextualising）;

（4）帮助学生建构图式（schema building）;

（5）通过改写、改编、表演等形式重组课文（re-presenting text）;

（6）发展元认知学习策略（developing metacognition）。

支架式教学需要特别注意的是，教师不仅要为学生的学习搭建支架，还要帮助学生拆除支架，使学生在语言运用中不依赖支架。支架在英语学习中的功能就像婴儿的学步车，在婴儿学步的时候可以帮助婴儿学习走路，一旦婴儿会走路了，婴儿就会不再使用学步车。所以，教师应该注意引导学生在掌握语言之后拆除事先搭建的支架。

支架式教学在教学实践中广泛存在，但需要更加系统、有效地使用。在中学英语的写作教学中，普遍使用的基于范文的写作，本质上就属于支架式教学。不过，什么样的范文适合本班学生、是否需要先分析范文、是否需要进行范文与学生作文的比较分析等，则需要教师基于学生的需求加以有效地运用。

支架式组织策略告诉我们，中学英语教学内容的组织不能单纯考虑教学内容、教学目标本身，更要充分考虑学生已有的语言能力，要在学生现有水平基础上设计支架。支架的密度也是需要考虑的，不能过多、过密，也不能过少、过疏。

（三）中学英语教学活动组织策略

教学活动是教学的抓手，教学目标需要通过教学活动实现。中学英语教学活动的组织策略就是选择教学活动，按照促进教学目标实现的顺序安排活动，在需要时为主要活动辅之以相应的活动的策略。需要特别注意的是，活动组织策略不是组织学生开展、实施活动的策略，对学生的组织策略属于教学管理策略，我们会在随后介绍。

1．认知驱动的活动组织策略

学生的学习是一种认知发展活动，学习过程也就是认知发展的过程。以认知发展为基础，驱动整个学习活动的开展过程，既符合认知规律，也符合学习规律。认知驱动的活动，可以按照学习前的认知准备、学习中的认知发展、学习后的认知巩固强化进行组织。

在认知发展过程中，学习前阶段是学生的认知准备阶段，通过教师的教学准备（教学分析、教学设计等）、学生自我准备（课前学习微课的学习、学习活动所需资源与材料的准备等）、课堂上的复习预热准备等。这一阶段包括课堂教学之前的一切准备活动，也包括课堂教学中开始学习新的语言内容之前的导入、启动、复习、激活等活动。这一阶段对学生新的认知发展所需基础的准备是否到位，决定着学生在随后的学习中的认知发展能否顺利进行。

学习中的活动是认知发展活动，学生学习新语言，形成语言能力发展，同时形成文化意识、思维品质、学习能力的发展，从而实现认知发展目标。这一环节一般在课堂内进行，但也可以是学生在课堂之外的自我学习活动。在这一阶段，教师进行知识呈现、讲解，引导学生进行训练，学生通过学习掌握语言内容，形成运用能力。

认知发展不是一蹴而就的，需要学习后的巩固强化，从而形成稳定的认知能力。这一阶段是学习新语言之后的巩固、运用阶段，这一阶段应该是课堂之外的运用活动阶段，因为课堂内的活动本质上都属于学习阶段的活动，即使是课堂内的运用活动也是促进学习的运用活动。

2．任务驱动的活动组织策略

课堂学习活动对学生而言是来自外部世界的任务，所以，任务本身具有一定的外在性，这使得任务不同于认知发展。任务驱动的活动过程可以使学生以完成某一既定任务为目标而学习，从而使学生学习效率更高。

任务驱动的活动过程是一种以具体的学习活动作为学习动力，以完成任务的过程为学习过程，以展示任务成果的方式来体现教学效果的教学过程。因此，任务教学过程强调引导学生完成真实的学习任务以及积极参与学习过程的重要性，倡导以语言运用能力为目的。鉴于目前我国外语教学在学习方式、时间限制、师生比例等方面的特点，对于处于基础阶段的学生来说，切实可行的任务教学的课堂教学程序是任务的设计、任务的准备、任务的呈现、任务的开展、任务的评价五个阶段。

在任务设计阶段，教师应首先确定学习任务必须是有意义的，必须有真实的语境和真实的交际目的。同时，学习任务的设计应该具有一定的层次性，既包括简单的对话练习，也包括类似引导学生根据听力理解完成图表内容这样较复杂的任务活动。我们知道，兴趣是学习行为的驱动力，可以转化为学习动机，而动机的强弱与学生参与学习活动的强度成正比。参与任务的兴趣只有转化为参与动机，才能变成实际的来自心理的参与力。因此，学习任务必须要能够引起学生的兴趣。

任务准备阶段是指在学生学习新语言之后，运用所学新语言完成任务之前，教师向学生介绍完成学习任务所需要掌握的语用知识，强调语言表达过程中的正确性（Accuracy）和得体性（Appropriateness），目的是为接下来的任务完成做好准备。从教师角度来说，语言使用的关键就是促使学生理解完成学习任务所需要的语用要素。要做到这一点，教师自己必须要把握好教学内容的语用内涵，并根据任务的需要加以准备。

在教学实施过程中，语言运用的呈现通常跟在语言学习之后，以引导学生发现教师提示、教师讲解或师生合作归纳等方式进行。尤其是那些难以把握或学生自身难以察觉的语用内涵，教师要采用详细讲解、生动演绎的方式进行，以便于学生准确把握相关的语用内涵。

在开展学习任务的过程中，教师应认识到任务的教学目的与任务的结果并不相同，认识到这一点对于开展真实运用任务和真实学习任务都是至关重要的。从学生角度看，不论是一个真实运用任务还是一个真实学习任务，完成任务的目的就是达到任务的结果。但从教师角度看，更重要的是任务的完成是否达到教学目的，也就是说，真实运用任务的完成是为了引导学生接收语言意义和/或运用所学语言功能，而真实学习任务的完成是引导学生掌握某一（些）语言形式指向现实世界语言运用的有关知识、技能，以培养学生在现实世界中运用语言的能力。

在任务评价阶段，教师通过观察、访谈、日志、讨论、问卷等方面，引导学生对学习过程加以反思，即对任务完成过程进行有意识的反思，例如，对照任务的目的反思任务的完成情况如何、关注学生对所出现的语言形式是否掌握等。

以任务阅读教学为例，教师在借鉴和吸收任务教学的基本理念和方法的基础上，强调阅读目的、阅读活动的真实性，培养学生的阅读兴趣，学生通过完成真实的阅读学习任务提高阅读理解能力。教师根据阅读材料布置阅读任务，引导学生借助网络、图书馆等信息渠道获得相关的背景知识，以多种形式展示阅读任务完成情况，如角色扮演、海报、张贴画、手抄报、图表、专题报道等。教师结合任务完成的情况，一方面进行词汇、句法方面的专项训练，以巩固语言知识；另一方面，还要引导学生反思自己在任务完成过程中所使用的学习策略，结合学生的具体策略使用情况，进行必要的学习策略讲解和策略培训。

3．兴趣驱动的活动组织策略

对于中学生的英语学习，兴趣是中学生最大的学习优势因素之一（对一些中学生而言，升学可能是比兴趣影响更大的学习优势）。在基于兴趣的学习过程中，学生的学习焦虑低、成效高。所以，教师可以开展学生的兴趣活动组织。

教师首先应采用问卷、观察等方法，调查发现学生的真实兴趣，然后基于学生兴趣，设计符合学生兴趣的课堂学习活动，或者让学生按自己的真实兴趣组成不同的兴趣小组，开展兴趣小组学习。

由于英语学习年限较长，可能一部分中学生已经失去了对英语学习的兴趣，或者兴趣降低。教师需要采取“把已有兴趣英语化”的方法，也就是基于学生已有兴趣（如篮球）开展英语活动（如播报篮球新闻、阅读篮球名人故事等），然后逐步将学生兴趣引到英语学习上。

兴趣的培养、强化需要时间，而中学英语课堂学习时间有限，兴趣活动需要大量的课外活动。所以，兴趣活动必须延伸在课外活动之中。

我国中学生的英语学习是在英语作为外语环境下进行的，往往缺少真实的语言环境，而且还存在英语学习时间不足的问题。因此，课外的语言学习活动，如与英语母语者交谈、看英语电影与电视节目、阅读英文文学作品、用英语写电子邮件等，都是实现英语教学目标不可或缺的补充性教学活动。通过组织丰富多彩的课外活动，学生能够更加理解所学的语言知识和技能，并自觉地将所学知识和技能加以应用，从而培养自身的英语交际能力。

教师应在组织课外活动的过程中起引导的作用，例如，教师向学生推荐供课外阅读的英语短文。教师在课外活动组织过程中不可干预过多，否则，就有可能减弱学生的积极性。

课外活动组织分为大型的课外活动和小型的课外活动。戏剧表演是可以定期开展的大型课外活动之一，用来巩固和评价学生所学语言知识和技能。这类具有创造性特点的课外活动非常有利于发挥学生的主观能动性，同时还能促进学生之间的团结与合作。开展英语歌曲比赛、英语故事会、英语角、办英语报刊或手抄报等带有综合性特点的实践活动也属于大型的课外活动，为学生运用所学语言知识和技能提供了很好的机会，学生相互合作，有利于培养学生的集体荣誉感。

开展这类大型的带有综合性特点的实践项目都应该有一个主题、明确的活动步骤方案以及相应的图示和文字说明。由于开展这些活动的目的是巩固已学知识和已经形成的语言技能，因此，这类活动应定期开展，而且安排时间也要适当，通常安排在期中、期末进行，也可以安排在学生专门举办的英语节、艺术节等活动期间。而且，参与者是否使用英语是对学生的表现或作品的重要评价标准之一。

经常性的课外活动应该属于小型活动，通常是学生一个人或一组开展的活动。例如，教师引导学生参与自己喜爱的游戏来开展英语学习活动，能够大大激发学生学习英语的兴趣；经常采用讲故事的方式呈现或练习所学语言知识，能够非常明显地提高学习效果；学生用英语写日记，有条件的可以建立自己的英语博客；学唱英语歌曲来练习所学的内容，如采用语法结构、语音规则、词汇和句子韵律的有效方式，从而达到提高学生使用英语的流利程度，并增强学生对所学内容记忆的效果。

这些课外活动的设计、组织、评价，都需要基于学生的真实兴趣进行设计和组织。

二、中学英语教学传递策略设计

（一）接触策略

语言接触指在语言学习过程中，学生接触作为学习目标的语言内容的过程。它是语言学习的重要条件和前提。因此，教师应特别注重研究和利用心理学的基本原理，设计学生接触语言的活动，以促进学生掌握语言。

1．语言接触的有效策略

语言接触首先指的是接触语言内容。学生所接触的语言内容的广度、深度与时间频度，其决定着语言接触的成效。

学生接触的语言内容的广度直接影响学生语言接触活动的成效，因为语言本身具有被使用的无限可能，学生接触的越广，越有助于学生在自己所需语境中运用所学英语。以字母 A 为例，学生很早就学习了英语字母表中的字母 A，但他们可能并不能正确读出扑克牌中的 A，因为扑克牌中的 A 是 Ace 的缩略形式，正如扑克牌中K是King的缩略形式、Q是Queen的缩略形式、J是Jack的缩略形式一样。

学生在学习字母 Aa 的书写形式时，若接触有一定广度，则对学生在阅读中认出字母Aa显然有很大的作用，否则学生可能无法认出字母Aa的其他书写形式（如图2-3）。

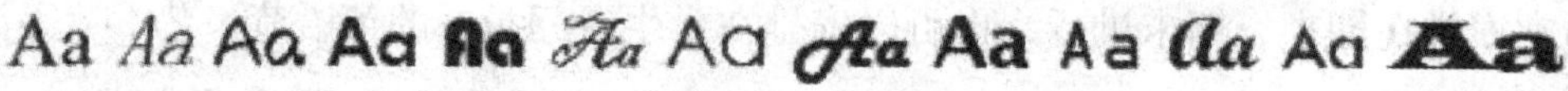

图2-3　字母Aa的其他书写形式

这种接触的广度，也有助于培养学生的文化意识（如英语书写的特点与审美特征）、思维品质（如外在形式的差异与本质的相同等）、学习能力（选择自己喜欢的字母书写形式抄写字母，更有助于自己记住字母书写等）。

需要特别说明的是，若只是让学生接触教材，显然不能形成有效的英语语言接触，由于各种原因，我国中学英语教材容量有限，无法呈现丰富的语言内容。所以《义务教育英语课程标准（2011年版）》《普通高中英语课程标准（2017年版）》都要求学生有足够的课外阅读，通过课外阅读形成更为丰富的语言接触。

语言内容的深度也影响着语言接触的成效，因为只有通过深度的理解，学生才能真正把握英语语言的特质，以及所学内容的语用内涵等要素。

课文是形成语言深度接触的最有效内容，因为课文是经过认真编写的语言材料，所以学生需要花一定时间学习课文，从而形成深度的语言接触。

时间频度是促进有效接触的关键。我国学生在英语课堂之外接触英语时间少，而英语学习本身需要足够的时间，所以教师要设计足够时间频度的接触活动。教师可以设计每天的校园英语广播，在校园里设计英语标语，每天坚持英语阅读、每周定期开展英语课间活动等，同时在内容上进行必要的设计，让同一内容在一定时间经常出现，让学生经常地接触到所学的英语，从而形成有效接触。

2．语言接触活动设计

语言接触活动的设计应符合语言学习的基本规律，这样才能保证学生在接触英语时所接触的是可理解的，而且有助于在接触之后吸收和产出。

听、说、读、写是人类使用语言开展交际活动所需要的主要技能，同时也是人类认识世界、获取知识、发展自身能力、相互交流情感必不可少的重要途径。

从英语教学角度来看，培养学生听、说、读、写英语的能力成为英语教学的主要目标，而且，以上各种技能必须全面发展，不可偏废。事实上，作为言语交际活动的方式，听、说、读、写各项技能相互联系、相互依存。但是，听、说、读、写各种言语活动也有它们各自的特点，教师应结合教学实践设计相应的语言接触活动，以提高教学的针对性。

（二）吸收策略

外语学习过程中语言接触与语言吸收（intake）有着本质区别，语言吸收是指学生在接触作为学习目标的语言内容后摄入目标内容的活动过程。作为接触的语言，如果语速过快或呈现速度过快，或者因为难度过大，学生不能理解全部的语言，那些无法理解的语言就不能帮助学生吸收语言。常见的促进语言吸收的有效策略有易上手支架、深刻印象、有效训练、适度负荷等。

语言的吸收需要有学生容易上手的支架，让学生在吸收一开始就能顺利吸收所学内容，这种支架的作用就相当于我们喝饮料的吸管。易上手支架英语基于学生的现有水平设计，而且应符合学生认知与生理特征。中学生的英语语言吸收活动的易上手支架，还需要考虑到学习内容的容量，学习内容不能超出学生的吸收能力。

我们对事物的深刻印象有助于理解、记忆，语言吸收也是如此，让学生对所学语言形成深刻印象，尤其是长期深刻影响，非常有助于学生吸收所学语言。形成深刻印象的活动主要有有趣的内容、获得突破（如第一次开展，游戏积分达到10分等）的活动、非常有意义的奖励等。

开展有效训练是形成语言吸收的最常见策略。有效训练是基于学生语言基础、语言学习机制、语言内容、活动形式等的综合设计。促进语言吸收的训练活动的有效性，因学生和内容不同而不同。教师可以通过积累，发现对学生有效的训练活动，在教学设计中加以使用。

有效的语言吸收活动还需要有适度的负荷，认知负荷、心理负荷、学习焦虑等都应适度，不能超过学生可以承载的有效负荷，而且应根据需要适当调整负荷强度。对于较难的语言内容，教师可以调整负荷，或者分解教学内容、教学目标等。

（三）产出策略

如果说，语言接触是指学生听到或阅读到的并能作为其学习目标的语言信息，那么据此类推，语言产出（produce）就是指学生产生语言成果的过程，包括语言知识的输出和语言技能的产出，也包括文化意识、思维品质等相关要素的产出。促进学生运用所学语言形成语言成果的常见策略有可完成、目标聚焦、源于生活、善用策略等。语言运用的成果是学生完成运用所学语言的成果，这说明这一任务是可完成的，若任务无法完成，就无法产出语言运用成果。所以，可完成是促进学生产出语言成果的关键性基础。

三、中学英语教学管理策略设计

（一）时间管理策略

课堂教学过程是一个动态的过程，教师、学生、教学环境三者之间发生相互作用，以此促进教学目标的实现。现代课堂管理（classroom management）注重建立良好的课堂环境，保证良好的课堂活动秩序。同时，有效的课堂管理还应当能够保持课堂互动，促进交流，因为课堂活动从本质上说就是一种寻求师生之间、学生之间对话的实践交流活动。课堂活动的最终目的是促进学生的持久发展，因而课堂本身也具有持续发展的特点，教师必须调动各种可能的因素，挖掘课堂的活力。可见，课堂的有效管理就是在最大程度上参与学习活动，使教师有效地利用教学时间，确保高效率的教学。因此，课堂管理的一个重要目标是尽量争取更多的时间用于学习。

1. 课堂时间的分类

教学时间一般划分为四个层次：教师分配时间，即教师按照课程表确定的、为某一特定的学科学习确定的时间，在这里特指学习英语这门科目所设计的时间；教师教学时间，即教师完成常规管理以及管理任务（如考勤、处理课堂行为问题等）之后所剩余的用于教学的时间；学生投入时间，即学生实际上积极投入学习或专注于学习的时间，属于教学时间，也称专注于功课的时间；学业学习时间，即学生以高效率完成学业功课的时间。

多项研究表明，学生课堂时间分配的质量，如投入时间和学业时间，与他们的成绩呈明显的正相关。分配给教学的时间并不如学生完成学习的效率那么关键，因为即使教师安排学生参与教学活动，如果他（她）并不配合，这样的安排则对学习成绩没什么用。可见，所谓为学生争取更多的学习时间实质上是让学生参与有价值的学习活动，从而提高单位时间的学习效率。

2．时间管理策略

为了提高课堂时间的利用率，教师可采用下列时间管理策略。

（1）提高学生参与课堂教学活动的积极性

提高课堂时间利用率的最有效途径就是教学活动要引发学生的兴趣，提高学生的参与程度，教师应提供给学生以较多的积极参与学习活动的机会，尤其要鼓励学生参与结构完善的合作学习。

（2）保持课堂活动安排的紧凑性

在上课时尽量避免打断或放慢教学进度，保持教学的合理紧凑性，是保证学生参与学习活动的关键。在一个能够把课堂活动安排得良好紧凑性的环境下，学生总是有事可做，并不会被轻易打断。例如，教师突然中断上课，花上几分钟去处理一件完全可以课后处理的小事，会对学生的参与产生极大干扰，这不但会浪费学生的时间，而且学生过后需要更多的时间安定情绪，将思路转回课堂学习上来。

（3）保持课堂活动安排的流畅性

保持课堂活动安排的流畅性是指教师合理而又富有技巧性地将学生从一项学习活动引向另外一项学习活动，而不是毫无过渡地从一个主题跳至另外一个主题。教师在课堂上如果缺乏活动安排的流畅性，如重复学生早已掌握的知识，或无端地停止讲课，思考下一个问题或准备材料，都会影响学生对学习活动的参与程度，影响单位时间的学习效率。

（4）形成课堂活动之间的合理过渡

课堂活动之间的良好过渡指学生从一项学习活动向另一个活动的变化，如从单词讲解到实物演示、从小组讨论到个体发言等。过渡被视为课堂管理的“缝隙”，最容易发生课堂问题。因而，教师在引导学生过渡时，应给学生一个明确的信号，使学生理解将从事的活动或内容。

（5）鼓励学生进行自我管理

如果学生学会很好地管理自己，也能够大大提高学生对学习时间的利用率。例如，教师通过让学生参与课堂规则的制定，反思制定某些规则的原因以及他们不良行为的原因，引导学生考虑他们将如何计划、监督和调节自己的学习行为，并对照规则，反思自己的行为，以补充完善已有规则。当然，鼓励和引导学生发展自我管理的能力可能要占用额外的时间，教师也要付出更多的精力，但是，从学生的长远发展看，这些努力都是值得的。

（二）空间管理策略

教学总是在一定空间进行的，这种空间既有真实空间，也有虚拟空间，对于教学而言，还存在学校空间、家庭空间、社会空间。中学英语目前大多是在真实的学校空间，而且主要是在教室空间进行的。教师要充分利用和合理管理学校空间和教室空间，使之成为英语学习的空间，教师可以设计校园英语长廊、每个教室外面的英语 poster 专栏等，教室里的英语竞赛红旗榜、英语故事挂图、英语词汇图等都是可以促进学生学习知识、发展能力、建构品格的锚图（anchor charts）。

同时，教师要合理管理虚拟空间，如学校英语广播、学校网站英语专栏、校外英语学习网站等。

对于英语学习，教师还应合理管理家庭空间，包括真实空间和虚拟空间。教师可以要求学生把家里的图书整理一下，设计一个家庭阅读空间。当然，在学生自主学习能力偏弱的时候，教师还可以要求家长加入有关学生完成作业、提交作业的微信群等虚拟空间，学生可以随时与家长沟通，家长也可以了解学生的学习情况。

在当今的英语学习环境中，最为丰富的社会空间环境，也对英语学习具有非常显著的作用。

随着我国改革开放的深入，在社会生活中英语已经随处可见，这些都有助于学生接触、吸收、产出英语。我们可以专门设计这类活动，引导学生关注社会生活空间中的英语，如让学生把超市里、村镇小商店里、家里的各种物品的包装上的英语找出来，看看自己能认出哪些，从而培养学生学习英语的兴趣，或者强化进一步学习英语的目标。

国际交往的空间也是非常重要的社会空间。教师可以鼓励有条件的学生，参与国际空间的交流，如短期游学、随父母出国旅游、看外国英语故事与动画片、看外国儿童英语学习网站等，促进学生在英语学习的开始阶段，就形成运用英语开展国际交流的意识。

（三）纪律管理策略

纪律管理是有效教学的重要保证，课堂管理是指那些能够有效鼓励学生参与课堂学习的话语、行为和活动，而纪律是指评判学生行为是否适当的标准。课堂纪律是维持课堂秩序的手段，是课堂活动顺利开展的保证。课堂纪律同时还具有社会功能，可以起到内化道德规范、促进学生健康成长的作用。

课堂纪律管理包括正常纪律的维持和违纪处理两个方面。维持正常纪律的目的是要建立课堂上的和谐人际关系，这主要包括师生关系和学生之间的关系。和谐的师生关系表现为教学相长，积极健康，尊师爱生。学生之间的和谐关系表现为学生之间互帮互助，团结合作，同时形成积极的竞争关系，既有利于提高学生学习的积极性，也有利于其潜能的充分发挥。在合作和竞争中达到一种平衡，以建立宽松的教学环境。

作为正常人，都具有自制力，能够管理、调节和控制自己的行为。如果教师过分严格地约束学生的行为，学生反而容易产生抵触心理。可见，纪律的维持既不是采取生硬的措施来控制学生，也不是放任自流；既要采取必要的策略维护和谐的课堂气氛，又要给学生一定的自由度，这样学生才会与教师密切配合，共同维持好课堂教学纪律，使师生在和谐融洽的气氛中愉快地参与教学活动。

就课堂纪律来说，预防学生违反纪律比矫正学生的问题行为更重要。要想保持良好的课堂秩序，教师应采取下列纪律管理策略。

1．从教师自身角度出发采取的策略

教师采取各种措施促进良好的纪律管理。比如，教师事先知道学生的姓名；提问时按照姓名而不是座次；要求学生在教师讲话前要保持课堂安静；教师更要周密地计划好课堂活动，确保学生在课堂活动中自始至终都有事可做；公平地对待每一个学生等。

2．从学生角度出发采取的策略

在很多情况下，教师应借助集体的作用维持课堂纪律。例如，教师可以组织小组活动，让学生互相监督。同时，培养学生良好的自我管理能力，也是促进良

好课堂秩序的途径。例如，课堂活动的设计应考虑到学生的个性差异，充分利用学生的多元智力倾向特点。此外，值日班长制度也体现了对学生自我约束从而实现纪律策略的作用。

3．从学习任务角度出发采取的策略

学习任务的设计能够起到实现良好的纪律策略的作用。比如，教师可以根据所学内容，设计一些游戏活动，激发学生的学习兴趣，促进学生的参与，这样有利于课堂纪律的维持。

4．正确处理课堂管理和教学之间的关系

课堂管理与教学具有不可分割的关系，如果教师只是将精力和时间全部投入教学活动中，一味地追求促使学生解决问题，而忽视了课堂管理系统，后果是极其危险的，因为教会学生有效利用和控制自己的社会行为与教学生管理和控制认知同等重要。

事实上，即使面对学生的问题行为，我们也不应只是进行简单的批评或惩罚处理，而是要针对学生的具体情况，进行认真细致的思想工作，选择恰当的处理时机，循循善诱，动之以情，晓之以理；针对学生的具体情况，发现问题行为产生的根源，采取适当的措施，使学生真正认识到自己行为的错误所在，从而决心改正课堂上的不良行为。例如，教师采用对待正常学生一样的做法对待有情绪障碍的学生，这显然不合适。存在情绪障碍的学生往往表现为焦躁、冷漠、自卑、娇气、孤僻、涣散、懒惰等，教师应掌握一定的心理学知识理论，采用心理辅导的方式，帮助学生正确认识和评价自我，确立自信心，培养其自我调节能力，从而形成健康人格。

第三节　中学英语教学设计的主要模式

一、教学设计的模式

（一）教学设计模式的发展

人类对任何学科、任何现象的认知，都是随着研究的不断深入而不断延展，教学设计的研究也是如此。随着对教学设计的研究不断深入，对教学设计的认知也不断延展，基于此而提出的教学设计模式也不断丰富。自 20 世纪 60 年代开始探索教学设计模式至今，已经形成了数百种不同的教学设计过程模式。教学设计模式的发展可分为以下三个阶段。

1. 教学设计模式的产生期（20 世纪 40 年代—20 世纪 60 年代）

教学设计发轫于 20 世纪 40 年代的第二次世界大战中对军事人员培训的设计，一批长期从事教育实验研究的心理学家和教育家，如加涅、布里格斯和弗拉那根等，承担了相关培训资源的研究与开发工作，在这一过程中，对学习内容与学习活动的科学设计成为常态。战争结束后，这些学者把在军队中运用成功的、经过设计的教学内容与教学活动方法，尤其是视听教学法等，引入学校教育中，开展视听媒体的教育研究，研究的范围包括视听资源设计的学习原则、媒体教学与一般教学效果之间的对比、媒体的特点、媒体如何影响学习和媒体教学方法等。另外，20 世纪 50 年代，电视在美国的发展也直接催化了基于教育电视节目的教学设计模式的产生。

在这一时期，教学设计的第一批理论著述相继问世，成为教学设计模式诞生与兴起的标志和动力。例如：

（1）程序教学运动的开展。20 世纪 50 年代中期到 60 年代中期，程序教学运动推进了教学设计模式的应用发展。1954 年，斯金纳发表了论文《学习的科学与教学的艺术》，对教学设计理论的形成与发展具有开创作用。

（2）行为目标编写的普及。20 世纪 60 年代初期，教学设计模式中最重要的要素之一——学习目标的理论基本成熟。1962 年，马杰的《程序教学的学习目标编写》一书出版，他论述了如何编写学习目标，其中，ABCD 法是最著名的学习目标编写方式，至今仍在广泛使用。

（3）标准参照测试概念的形成。20 世纪 60 年代之前，多数测验方式是常模测验——通过测试学生的行为绩效，判定谁学得好，谁学得差。标准参照测试强调测量某个学生在某一特定行为中表现得如何，而不管其他学生的表现怎样。格拉泽（Glaser）认为，标准参照测验可以用来检测学生在接受教学设计之前和之后的行为水平。

（4）学习领域、教学事件和层级分析的提出。1965 年，加涅的《学习的条件》

出版，该著作是这一时期教学设计模式发展的标志性事件。在该书中，加涅描述了学习结果的五大分类，同时提出了九种教学事件或教学活动。此外，加涅在学习层级和学习层级分析领域所做的研究，对教学设计领域也产生了重大影响。

（5）形成性评价的发展。1967 年，斯克里文提出形成性评价和终结性评价理论，为教学设计的评价理论的初步完善提供了有力依据。

2．教学设计模式的快速发展期（20 世纪 60 年代—20 世纪 80 年代）

经过数十年的发展，教学设计自 20 世纪 60 年代末和 70 年代初起正式成为一门独立学科。20 世纪 70 年代期间，美国许多领域，如教育界、商界、军队等都对教学设计产生了浓厚的兴趣，并在各自的领域大力运用教学设计方法。

在这个阶段，教学设计模式不断涌现，安德鲁斯和古德逊在 1980 年就已经归纳提炼出 60 个教学系统设计模式，并对 40 个模式的特点进行类型学分析，概括出了这些模式的基本构成部分。由此，教学设计形成了相对稳定的模式结构，即教学设计一般包括确定目标、评估学生已有的知识和技能、确定教学内容、确定教学策略、开发教学和评价与修改等部分。

这一时期教学设计的发展不仅运用系统方法整合了其在诞生兴起期所发展的相关理论，同时还深受认知心理学的影响，涌现出一些新的理论，其中影响最大，迄今仍然具有广泛影响的是布鲁纳的发现学习理论和奥苏贝尔的有意义的接受学习理论。

在这一时期，产生了很多教学设计模式，这些模式经过实践不断完善，最终形成了至今仍有重要影响的教学设计模式。如，1977 年首次提出，后经 1985 年和 1998 年两次修改完善的肯普模式；1978 年提出，后经过多次修改的迪克—凯瑞模式都是这一时期教学设计模式的典型代表。

3．教学设计模式的转型发展期（20 世纪 90 年代）

20 世纪 90 年代以来，教学设计的发展逐渐进入转型发展期。这一时期教学设计发展具有以下显著特点。

（1）教育领域的教学设计发展现状呈现稳定发展状态

从 20 世纪 70 年代到 80 年代起，在全球范围内，许多领域对教学设计的兴趣一直持续不减，以商界、工业界和军界为甚。但非常意外的是，教学设计在教育界所产生的实际影响却只是保持稳定发展，并不如其他领域热烈。面对教育领域的这种稳定发展现状，教学设计专家们开始反思传统教学设计的局限，探寻教学设计发展的新路径。

（2）技术工具开始整合到教学设计模式之中

计算机的普及使得教学信息的传递更加方便快捷，基于计算机的多媒体整合教学设计模式被广泛使用。20 世纪 90 年代以来，网络通信技术的发展为教学设计带来了崭新的前景，基于网络的远程教学设计模式逐渐生成。特别是进入 21 世纪以来，随着无线网络技术、蓝牙技术等成功开发，移动电话和移动计算技术迅速普及全球，由此催生出一种崭新的学习形式——移动学习，随之派生的移动学习教学设计模式也日益发展起来。机器学习对于学习机制的研究、虚拟现实的情境设计等技术发展，可能会带来教学设计新的快速发展时期。

（3）新理论对教学设计模式的影响

计算机技术和网络通信技术在教育中的应用，建构主义的兴起及其对传统教学设计的挑战，是教学设计进入转型发展期的主要标志。自 20 世纪 90 年代以来，以建构主义为理论假设的教学设计研究，创建了许多基于技术的教学系统设计模式，并且取得了良好的教学效果和社会反响。此外，绩效技术也开始影响教学设计，通过改变激励系统或工作环境而解决问题的模式应运而生。与此同时，教学设计的转型发展也正在受到原型开发技术、知识管理、后现代主义、阐释学、模糊逻辑和混沌理论等理论的深刻影响。

（二）教学设计模式的类型

教学设计模式数以百计，既因为教学设计发展过程对教学设计研究的不断深入、视角不断丰富，也因为基于教学多样性而出现的不同设计需要。我们可以从教学设计的不同视角说明分析教学设计模式的类型。

1. 基于教学设计理论基础的不同教学设计类型

教学设计有多种理论基础，基于不同的理论基础，教学设计模式可分为以下几种。

（1）基于一般系统理论的过程模式

1980 年，安德鲁斯和古德森通过对 40 种教学设计系统模式的比较，提出了系统教学设计的 14 个要点。里奇对此作了进一步归纳，总结出了系统设计过程六要素：确定学生需求；确定总目标与具体目标；建立评估程序；设计、选择传递途径；适用教学系统；安置并维持系统。任何系统设计过程模式均围绕着这六个要素展开，因而具有一般性特点。

根据不同的应用情景与教学目标，不同的系统过程模式在六要素的排序与侧重点上有差异。以系统思想为核心的过程模式，对教学各种因素的分析、对传递途径的设计和选择等，都需要设计者运用系统思想统筹考虑设计过程方方面面的关系和作用。其主要特点是，比较强调构建项目框架结构，往往把焦点集中在教学设计的全过程和全方面上，而忽略对教学设计具体过程及步骤的描述。因此，以系统论为基础的教学设计过程模式，难以充分体现教学设计过程的特性。

（2）基于学习理论与教学理论的过程模式

此类过程模式的数量较多。现以一种主要模式为例来介绍：

迪克—凯瑞模式

当代著名教学设计理论家、美国佛罗里达州立大学教授迪克和凯瑞于 1978 年出版了《系统化教学设计》（*The Systematic Design of Instruction*）一书，提出了一个典型的以“教”为中心的教学设计过程模式。该模式是以教学理论为构建模式的基础，比较贴近教师的现实教学情况，使用得比较普遍。我们可以通过图形对该模式进行描述（如图 2-4）。

迪克—凯瑞模式旨在说明教学设计、开发、实施和评价的一种系统方法模型。该模型中包括了九个相互联系的组成部分（设计和进行总结性评价本质上不是教学设计中的有机组成部分），每个组成部分都将从前面步骤中接收输入，并且输出作为后续步骤的输入部分，所有这些组成部分共同发挥作用，从而形成有效的教学，其内涵如下。

确定教学目标：即确定当学生完成教学后他们必须学会做什么。

进行教学分析：在确定教学目标之后，便需要确定实现目标所需要的步骤。通过对下位技能进行分析，明确为了支持该目标的学习而必须具备的从属技能和过程步骤。分析过程的结果是形成一个描述达到目标所需要的所有从属技能的图示，并表明各项从属技能之间的关系。

确定初始行为：除了明确教学中必须包括的下位技能和过程步骤之外，明确学生在教学开始之前必须掌握的特定技能也是有必要的。这并不是列出学生已经能够做的所有事情，而是为了开始教学而确认一下他们一定能够掌握的特定技能。

写出表现目标：基于对教学的分析和对初始行为的表述，教师应该具体地描述出学生在教学结束时能做什么。描述教学具体目标时应包括要学习的技能、技能操作的条件以及行为表现是否合乎规范的标准。

开发标准参照测试：根据已经编写的教学目标，教师应设计出与目标中学生要掌握的能力相对应的评价项目，并测量这些能力。重点应该放在将目标所描述的行为类型和评价所要求的表现如何保持一致。

开发教学策略：基于来自前面五步的信息，教师应继续确定自己将在教学中运用到的策略以及达到终点目标的媒体。策略包括教学准备活动、信息呈现、练习和反馈、测试以及后续活动等部分。设计策略要借鉴对学习研究的现有成果、教材的内容以及学生的特征。基于这些特征，构思或选择材料，或开发用于互动式课堂教学策略。

开发或选择教学材料：在这一步中，教师将利用教学策略来开发教学材料。它包括各种不同形式的教学材料的准备，也包括测验和教师的指导。开发材料的决策将依赖于可利用的现有相关材料和能支持发展活动的资源。

设计和进行形成性评价：一次试教完成之后，要进行一系列的评价和收集数据资料，以便确定如何作出改进。形成性评价分为三个阶段进行，分别是一对一评级、小组评价和现场评价。每一种评价类型都可为设计者提供能用于改进教学的数据和信息。

修正教学：通过对形成性评价的数据进行总结和诠释，明确学生在学习达标过程中所遇到的困难，并把这些困难与教学中具体的不足相联系。图 2-4 中所示的“修正教学”的线段表明，形成性评价的数据不仅用于修正教学本身，也用于重新检测教学分析的有效性和对学生的初试行为与特征的假设，同时也有必要重新检测对行为目标的表述和评价项目的准确性。对教学策略进行回顾也必不可少，只有对教学各环节进行调整并最后把所有这些调整结合为对教学的修正，才能不断提高教学有效性。

设计和进行总结性评价：虽然总结性评价是教学效果的最后评价，但它通常并不包含在教学设计过程之中。总结性评价是对教学的绝对价值和相对价值的评价，只有在对教学进行形成性评价并修正到符合设计标准之后才得以进行。因为总结性评价通常不包括教学的设计者，而是由一个独立的评价者进行的，所以这个环节本质上可以不纳入教学设计进程的有机组成部分。

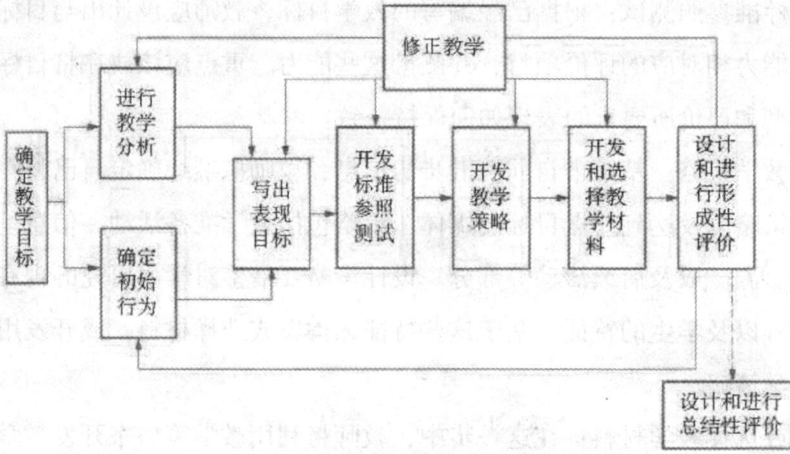

图 2-4　迪克—凯瑞教学设计模式

（3）基于传播理论的过程模式

基于传播理论的模式可划分为两种类型：一种类型是一般传播模式，主要描述的是使用各种媒体对信息进行设计的过程；另一种类型是文本组织形式，主要对内容或教材进行组织。

一般传播模式源于马什提出的一个运用多种媒体设计信息的综合型过程模式。模式的第一阶段为基本计划阶段，由四个部分组成：选择总体策略；简要描述信息接收者特点；确定中心思想；列出行为目标。第二阶段是对第一阶段四个部分进行进一步扩充。在此阶段，由于对具体学生学习内容与教学策略有了一个大致的了解，对内容的信息承载也有了一个大致估计，便可以选择信息组织方式。

第三阶段与控制信息复杂度有关，一般来说，传播渠道与信息密度的选择决定了传播背景，而在教学中必须考虑信息的复杂性对学生是否恰如其分。

可以说，马什模式对内容与学生学习目标设计，具有很大的参考价值。

传播还有文本组织模式（organized content technique，OCT）。这一模式较为简单，它假设文本在外观上的组织与编排会影响学习，因而致力于在文本字体、排版等外观设计上运用技巧，引起学生注意。这是一种以计算机为定向的教学模式。

2．基于教学设计内容的教学设计类型

根据教学设计的内容的不同层次，教学设计可分为以“产品”为中心的模式、以“课堂”为中心的模式和以“系统”为中心的模式。

（1）以“产品”为中心的层次

这里的“产品”包括教学媒体、教学材料、教学包等。教学产品的类型、内容和教学功能由教学设计人员、教师、学科专家、媒体专家和媒体技术人员共同确定，并对产品进行设计、开发、测试和评价。

（2）以“课堂”为中心的层次

这个层级的设计范围是课堂教学，即根据教学大纲的要求，针对特定的学生，在固定的教学设施和教学资源的条件下进行教学系统设计，其设计工作的重点是充分利用已有的设施或选择或编辑现有的教学材料来完成教学目标。

（3）以“系统”为中心的层次

该“系统”指的是综合和复杂的教学系统，如一所学校、一门新专业的课程设置、一项培训方案等。这一层次的设计通常包括系统目标的确定、实施目标方案的建立、试行、评价和修改。由于该层次涉及内容面广，难度较大，因此通常由教学设计人员、学科专家、教师、行政管理人员，甚至包括有关学生组成的设计小组来共同完成。

3．基于教学设计实施方法的不同教学设计类型

我国教育技术学家何克抗提出，教学设计的模式可以基于教学设计的实施方法进行分类，他以此把教学设计模式分为：以教为中心的教学设计模式，以学为中心的教学设计模式，以及以教师为主导、学生为主体的双主教学设计模式。

（三）教学设计模式的要素

以上教学设计模式分类分析是基于不同视角对教学设计的分类分析。对于教学设计实践而言，我们可以从以上模式中提炼归纳出一个简洁明了的教学设计的一般模式，该模式的要素有学习需求分析、学习内容分析、学生特征分析、教学策略设计、教学过程设计、教学技术设计、形成性评价设计和总结性评价等（如图 2-5）。

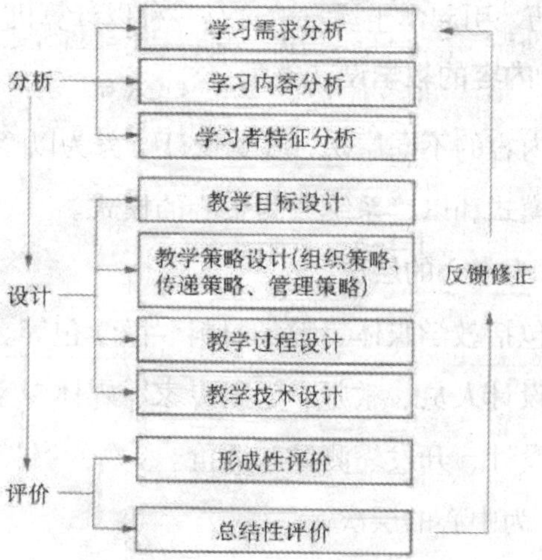

图 2-5　教学设计的一般模式

实际上，不论哪一种教学过程设计模式，都包含有四个基本要素。

一是学生。教学系统的服务对象是学生。为了做好教学工作，必须认真分析、了解学生的情况，掌握他们的一般特征和初始能力，这是做好教学设计的基础。

二是学习需求（学习目标）。通过教学活动以后，学生应该掌握哪些知识和技能，培养何种态度和情感，用可观察、可测定的行为术语精确地表达出来。同时，也要尽可能地表明学生内部心理的变化。

三是教学策略。这指的是为了完成特定的教学目标，所采用的教学模式、方法、组织形式，以及对教学媒体的选择、使用和开发的总体考虑。

四是教学评价。教学评价包括形成性评价、总结性评价，它的目的是了解教学目标是否达到，从而作为修正设计的依据。

我们应该清楚地认识到，划分教学设计环节的目的是更加深入地了解和分析，并发展和掌握整个教学设计过程的技术。因此在实际设计工作中，要从教学系统的整体功能出发，保证“对象、目标、策略、评价”四要素的一致性，使各要素间相辅相成，产生整体效应。

综上所述，我们可以发现，基于不同视角的教学设计模式形态多样，并随着教学设计理论的发展而不断变化，但其核心非常明确，都在于提高教学的有效性。

二、中学英语教学设计的模式

（一）中学英语教学设计的基本模式

基于教学设计的一般模式，中学英语教学设计的基本模式应该包括以下几个方面。

1．分析

（1）学生分析

准确分析学生是成功开展教学设计的一项决定性因素。学生分析是通过分析、调查，把握学生的心理特征、学习风格、已有知识和技能等，为教学内容的选择和组织、学习目标的编写、教学活动的设计、教学方法与媒体的选择和运用等提供依据。

学生分析是整个教学设计的起点，因为只有准确地把握学生的英语学习特征，才可能设计出符合这一特征的教学目标、教学策略、教学技术和教学过程与评价标准。显然，教学设计的一切都基于学生的特征分析。

对于中学英语教学设计，准确把握学生的真实学习目的、真实学习动机、已有知识技能、知识认知机制、学习心理顺序、学习逻辑顺序、英语学习机制等，因为这些要素都对中学英语教学设计有着根本性的影响。

（2）学习需求分析

学习需求就是学习活动要达到的学习目标与学生现有的学习起点水平之间的差距。学习需求分析就是通过科学、系统的调查与分析，确定学习目标与学生起点水平之间的差距。

学习目标的确定是学习需求分析的关键。确定学习目标需要结合社会需求和个人发展需求，充分考虑可以利用的各种资源（教师、学生、教学设施、教学媒体、教学材料、教学经费等）和各种相关的促进与制约因素，才能确定合理的、科学的学习目标。

学习目标的确定需要考虑长期的目标、中期的目标、近期的目标，或者是整个学习期间的目标、学段的学习目标、学年的学习目标、学期的学习目标、单元的学习目标、课时的学习目标，只有形成科学合理的目标体系，才可能进行合理的教学设计。

确定学生现有学习起点水平则需要调查、评价与分析学生已经达到的学习水平，尤其是与学习目标直接关联的学习水平。

对于中学英语教学设计，开展学习需求分析是非常重要的。我们需要依据社会需求、个人发展需求，科学地确定中学英语学习的目标。

换言之，当前我国基础教育英语教学的很多困难来自学习目标的不合理。事实上，在社会需求层面，确定了面向全体受教育者的、以培养外语运用能力为总目标的外语教育目标，然而，在我国当前发展阶段，并不需要全体国民都成为外语使用者。对于个人来说，我们绝大多数的英语学生确定了高考、中考等外语学习目标，绝大多数学生是考什么就学什么，只有很少学生会为了外语运用能力放弃外语考试分数。在课时目标层面，我们很多教师和学生都会把词汇、语法作为基本的重点学习目标，而且要在一课时之内就彻底掌握所学词汇和语法项目，而不考虑学生的学习能力。可以说，中学英语教学设计最为关键的是设计科学、合理的中学英语教育教学目标。

（3）学习内容分析

学习内容就是教学活动中为实现学习目标而学习的知识与技能、过程与方法、情感态度与价值观的总和。根据国家《普通高中英语课程标准（2017 年版）》的规定，英语学科的核心素养为语言能力、文化意识、思维品质、学习能力。具体的学习内容是课程标准规定、通过教材实现的语言材料。

分析学习内容是要使教师、学生明确，教学活动要让学生学什么，这些与教学目标密不可分。当前，在中学英语教学中，英语教师在进行学习内容分析时都能很好地把握教学内容的语义内容，很多也能比较好地把握语境内容，但大多数英语教师都存在有关把握语用内容的困难。甚至普遍出现在分析教学内容时，只分析到语义内容，或者分析到语境内容，却没有分析到语用内容，这样导致了语用学习目标的严重缺失。分析教学内容时，教师必须把握教学内容的语义、语境、语用内容，尤其是语用内容，这样才有可能培养学生的英语运用能力。

2. 设计

（1）教学目标设计

教育是人类有目的的社会实践，目标设计是教学设计的关键，因为若目标迷失甚至错误，即使教学分析做得再全面，教学策略、过程、技术与评价设计得再合理，反馈修正再认真也没有意义，甚至会有很大的负面作用，因为方向已经错误。教学目标要基于教育目标、课程目标设计，中学英语教学目标设计要充分考虑中学生的认知能力，因为他们的心智还在发展之中。

核心素养是我国教育目标的重要内容，中学英语教学设计要将教学目标首先定位在发展学生的核心素养上。课程标准是核心素养在英语课程领域要求的具体体现，课程标准所规定的课程目标、教学要求、评价要求、教学案例、评价案例等均是中学英语教学目标设计的基本依据。

核心素养与课程标准的规定是面向我国全体中学生的规定，而课堂教学则是面向学生的教学实践。所以教师在进行中学英语教学目标设计时，还需非常充分地分析学生的发展需求，这些需求可能高于面向全体学生的要求，也可能等于或低于这些要求。

（2）教学策略设计

教学策略是为了完成教学任务，实现教学目标而采取的教学活动的程序、方法、形式和媒体等教学因素的总体设计，包括对知识与技能教学内容的序列设计，对教学活动过程的系统问题和期望的学生反应的设计。其中，对教学的组织形式和媒体呈现信息方式的设计，具体包括课时的划分、教学顺序的设计、教学活动的设计及教学组织形式的选择与设计。

教学策略设计必须基于教学目标，切合教学内容，适合学生特征，还要考虑实际教学条件的可能性，创造性地设计、灵活地安排教学活动。巧妙地设计各个环节，合理地安排各有关因素，形成系统的、总体的设计，使之能够发挥整体的教学功能。

教学策略有多种分类方法，常见的分类为：组织教学过程、安排教学顺序、呈现特定教学内容的教学组织策略，确定教学信息传播形式和媒体、教学内容传递顺序的教学传递策略，将教学组织策略和教学内容传递策略协调起来（包括时间的安排与组织、教学时的资源分配等）的教学管理策略。对于中学英语教学设计，这些策略都是不可或缺的。

（3）教学过程设计

教学组织策略的设计包括教学过程的设计，但教学过程对于中学英语教学设计非常重要，需要专门探讨。所以，单列出教学过程设计以突出其重要性。

教学过程是为实现教学目标而开展的多个教学活动组成的连续过程，英语教学理念形成了强调学习过程的任务教学。

任务教学的教学过程设计应该包括以下内容。

① 任务介绍。这是一个向学生介绍任务的环节，目的是让学生知道学习语言之后要用所学语言完成的任务，让学生明确语言学习的目标。

② 任务准备。这是语言学习的过程，分为接触和吸收两个主要环节。

语言接触是教师呈现所学语言，让学生学习所学语言的环节。语言吸收是学生经过练习内化所学语言项目的环节。吸收是影响语言学习效果的最为关键的环节，没有吸收就不可能有语言学习的结果，学生也就不可能形成语言运用能力。

③ 任务完成。这是学生在学习所学语言之后，运用所学语言做事的环节，也是语言输出的环节。

④ 语言巩固。这是在学生用语言做事之后，对其语言运用中存在的问题，有针对性地进行巩固强化，达到促进语言内化的目的。

（4）教学技术设计

教学离不开技术，无论是传统的黑板、粉笔等形成的彩色粉笔使用和板书技术，还是现代信息技术、互联网技术、多媒体技术的使用，都有助于提高教学的有效性，所以教学设计需要教学技术设计。

教学技术设计包括教学媒体选择与使用、运用教学媒体辅助教学活动的设计。教师应基于学习目标、学习内容、学生特征和教学策略与教学过程的设计，依据各种教学媒体所具有的教学功能和特性，选择教学媒体和设计教学媒体辅助活动。因为各种教学媒体对于教学的功能不同、效果不同，其各有所长，因而没有适用于所有教学内容和教学情境的媒体。教学中也没有必不可少的媒体，只有有效的媒体和媒体的有效使用。

教学媒体选择与教学媒体辅助教学活动的设计，直接影响学习目标的达成以及教学策略的实施。

在英语教学设计中，由于视频、音频媒体是语言教学的重要媒体，所以对于这些媒体的设计与选择是非常重要的，但是不能为了使用媒体而使用媒体、为了技术而技术，而应以教学需要为依据，来选择和使用教学媒体。

3．评价

教学设计是提高教学有效性的过程，教学目标是否达成是评价教学设计有效性的关键，而学习成效的评价是评价教学有效性的基础，确定学习成效的评价标准，是开展教学评价的前提。从评价目的上区分，学习成效评价可分为诊断评价、学业成就评价等；从形式上区分，可分为形成性评价、总结性评价。

确定学习成效评价标准应该以学习目标为基础，评价的标准要以学习过程中的实际学习情形来定，学业成就评价的标准则可以直接依据学习目标来定。

形成性评价常用于对于学习过程的评价，评价标准可根据评价需要确定；总结性评价常用于对于学业成就的评价，评价标准主要基于学习目标确定。

我国当前中学英语教学的评价存在很多问题，主要是评价标准较偏，评价手段单一，往往用单一的语言知识目标代替语言综合运用目标，用总结性评价作为学生学习过程中的评价。

根据综合语言运用能力这一总体目标，中学英语教学设计的总结性评价试题应以具有语境的应用型试题为主，合理配置主观题和客观题。对语言知识的考查不能孤立地考查某些知识点，更不能考查对知识的机械记忆。

针对当前我国基础教育英语教学中广泛存在总结性评价目标过偏的问题，中学英语教学设计，尤其需要基于综合语言运用能力这一总体目标设计和开展总结性评价。

4．反馈修正

反馈修正就是根据评价提供的反馈信息，对教学设计进行调整，从而提高教学的有效性。

教学设计作为一种预设，自然可能因为分析的误差、设计的失误，而出现教学过程中的不适应性，而教学评价可以提供大量的教学信息，反映教学目标的实现度。教学设计不应该是一成不变的、僵化的预设，教师应该根据教学过程中反馈的各种教学信息，不断调整教学策略，甚至在教学设计中预测可能出现的问题，预设一些预案，从而在教学过程中根据教学反馈不断修正教学活动，以提高教学有效性。

在中学英语教学实践中，一些经验丰富的老师往往根据自己积累的经验形成大量案例，随时捕捉教学信息的反馈，调整教学策略，从而促进教学有效性的提高。

教学设计就是一种理性化的教学准备活动，可以促进教学实践从经历到经验的提升，帮助教学经验不多的教师在较短时间内成长为经验丰富的教师，以便可以随时捕捉教学信息反馈、根据教学信息反馈随时调整教学策略。

中学英语教学设计作为外语教学设计，存在学生已有知识与技能不足、教学环境与条件不充分等特定困难，尤其需要根据教学信息反馈随时修正教学策略。

综上所述，中学英语教学设计的一般模式为分析、设计、评价、修正模式，其中学习目标的分析、教学过程的设计、评价目标的确定、依据反馈不断修正教学策略，是最关键的要素。

在以上一般模式之外，建构主义的教学模式也具有独特价值，尤其是对于以学习为中心的教学设计理念，有助于我们深度改革教学。建构主义的教学设计模式强调以学生为中心，强调“情境”对意义建构的作用，强调“协作学习”对意义建构的关键作用，强调对学习环境（而非教学环境）的设计，强调利用各种信息资源来支持“学”（而非支持“教”），强调学习过程的最终目的是完成意义建构（而非完成教学目标）。

基于建构主义的教学设计模型通常以问题、项目、案例或分歧为核心，建立学习“定向点”，然后围绕这个“定向点”，通过设计“学习情境”“学习资源”“学习策略”“认知工具”“管理和帮助”而展开。问题、案例、项目、分歧的提出基于对教学目标、学生特征和学习内容的分析，结束部分的教学评价是教学系统设计成果趋向完善的调控环节（如图 2-6）。

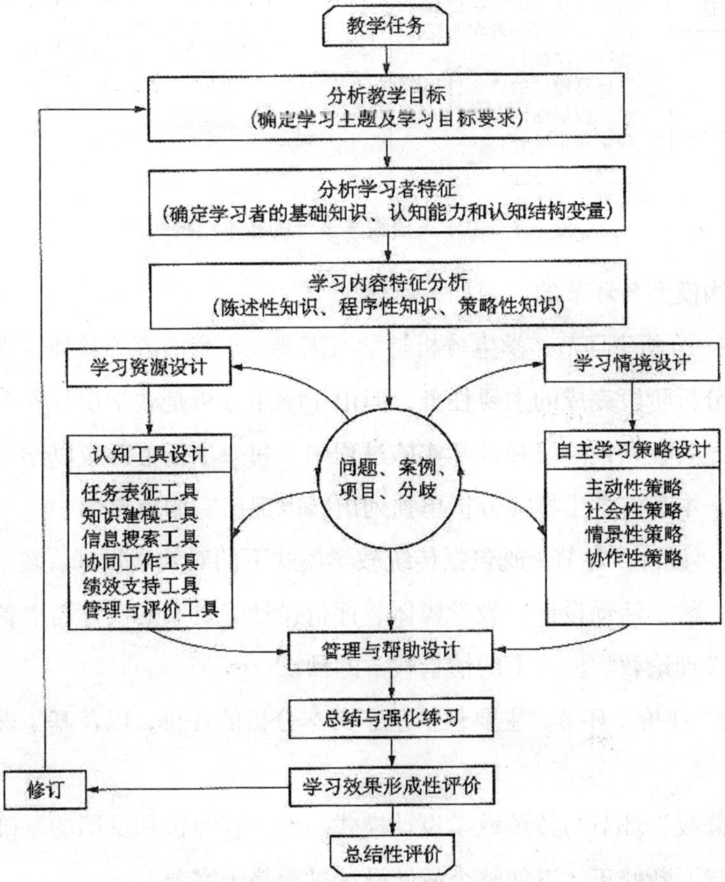

图 2-6　基于建构主义的教学系统设计模式

（二）中学英语教学设计的基本形式

在具体运用中，中学英语教学设计的结构应以课程标准作为指导思想，以简要的形式（即稳定的操作样式）向使用者说明中学英语教学设计应该做什么、怎样去做。因此，我们可将中学英语教学设计的结构分为“分析”“设计”“评价”

“修正”四个阶段（如图 2-7）。

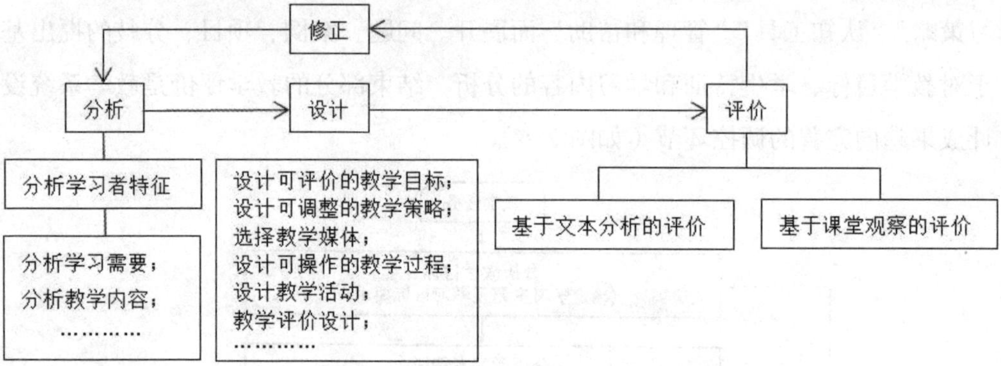

图 2-7　中学英语教学设计的基本结构

对该结构模型各环节的说明如下所述。

（1）在“分析”环节，学生分析与学习需要、学习内容等其他要素分析一样同属于前期分析阶段完成的主要任务，但由于学生分析是教学设计各个环节的前提和基础，尤其在预设阶段和教学实施过程中，每一项任务都应以学生为中心来开展，因此，本章将学生特征分析单独列出，以突出它的重要性。

（2）在“设计”环节，既包括传统教学模式下的对教学目标、教学策略、教学过程设计、教学活动设计、教学媒体、评价设计等要素的设计与准备，更强调基于建构主义理论教学模式下的情景教学的预设。

（3）在“评价”环节，主要包括基于文本分析的评价，以及基于课堂观察的评价。

（4）“修改”环节与传统教学设计模式一致，在评价和反馈的基础上，对上述各环节进行不断修正，以使整个教学设计过程趋于完善。

第三章　初中英语单元教学设计指南

第一节　单元规划建议

一、概述

（一）界定

单元是特定教学内容的组合，包括语言知识、语言技能、语篇、话题、功能等，也包括教材的自然单元。

单元规划是依据课程目标和具体学情，将碎片化的教学内容进行结构化整理，明确教学内容、教学要求和实施要点的过程，包括确定组元标准、明确教学内容、确定单元目标、梳理教学材料、设计学习活动、制定评价方案、分配学习时间等。

（二）依据

初中英语学科单元规划的依据是《课程标准》《教学基本要求》和教材。《课程标准》从课程性质、课程目标、课程理念、实施建议等方面引导教师把握课程内容、理解教材编写意图，为教师规划单元提供依据。《教学基本要求》进一步明确了学习内容和学习水平，为教师规划单元提供了空间。教材是落实《课程标准》内容与要求的载体，任何一种单元规划都要思考能否用教材来落实其内容与要求。

（三）分类

初中英语学科单元规划一般有以下几种方法。

1．按语言知识

可以将《教学基本要求》中的语音、词汇、词法、句法、语篇、功能、话题等规划为单元，也可以在具体的学习内容中进行规划。比如，在“词法”内规划出“动词”单元，在“动词”内规划出“时态”单元。再如，在“语篇”内规划出“记叙文”单元。

2．按语言技能

可以将听、说、读、写分别规划成一个单元，也可以在具体的技能内进行规划，如根据“读”规划出“读对话”单元。

3．按话题

《教学基本要求》列有 27 个话题，可分别规划成单元，如“国家与城市”单元。也可以将话题进行归类，规划成“人与自然”“人与社会”等单元。

4．按功能

《教学基本要求》列有“交往”“感情”“态度”等 54 个功能，可以规划成“交往”“感情”“态度”三个单元，也可以直接将某些功能规划成单元，如“赞同与不赞同”。

5．按教材

在日常教学中，教师通常采用教材的“自然单元”为单元。本书后续各章所采用的单元均为教材的自然单元。

（四）原则

首先，单元规划必须有助于《课程标准》内容与要求的落实；其次，要从学生学习需求的角度规划单元，特别要针对学生的学习困难进行规划；最后，要权衡单元容量。采用不同规划方法规划出的单元容量大小不一，需根据教学的实际情况进行权衡。日常教学中不适合划分大容量的单元，而针对特定内容进行总复习的单元容量可以稍大些，并投入更多的课时。单元规划时应考虑与教材的对应关系，单元的学习内容要能用教材来教。

二、规格

单元规划规格包含单元规划的流程、属性表和问题导向三个方面。单元规划以“选择规划方法”为起点，包含“明确教学内容”“确定目标”“设计教学”和“确定单元规划结果”四个环节。另有对应属性表和问题导向等可视化工具，供教师进行单元规划时参考。

（一）流程

单元规划的流程（如图 3-1）。

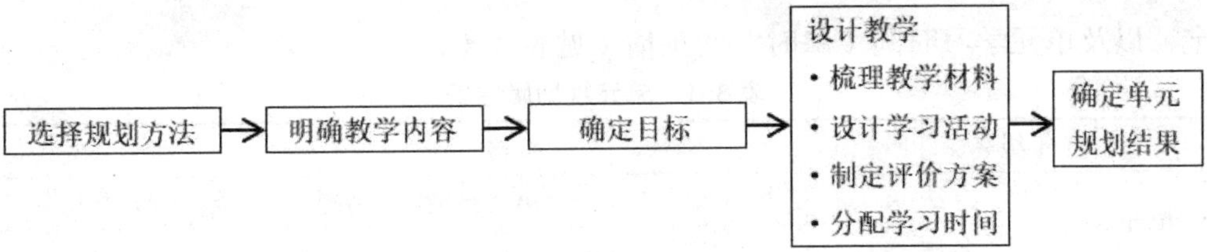

图 3-1　单元规划流程

说明：

“选择规划方法”是单元规划的起点，指根据需求选择一种规划单元的方法。

“明确教学内容”指结构化地组织该单元的教学内容，并能从《教学基本要求》中找到对应的标引。

“确定目标”指确定该单元最为核心的教学目标及其学习水平，该学习水平需呼应《教学基本要求》。

“设计教学”以单元目标为依据，包含“梳理教学材料”“设计学习活动”“制定评价方案”和“分配学习时间”。“梳理教学材料”指确定用教材中的哪些素材来达成单元目标，用哪些素材来进行训练或设计作业。“设计学习活动”是以单元目标为依据，从单元学习结果的视角设计输出活动，再通过学情分析，设计相应的输入活动，确定活动的数量、顺序和形式。“制定评价方案”以单元目标为依据，从检测单元目标达成的视角设计评价的目标和形式，选择合适的素材，确定评价的时机。“分配学习时间”指确定单元教学内容所需的课时数，并根据具体内容合理分配。

“确定单元规划的结果”是单元规划的终点，呈现单元规划的属性，包括单元名称、单元教学内容、单元目标、单元教学材料、单元活动数量与形式、单元评价方案、单元学习时间分配等。

（二）属性表

单元规划属性表包含单元规划的方法和名称、单元教学内容、单元教学目标、设计教学和单元学习时间。其中，单元教学内容还包括最为核心的教学内容，单元教学目标指的是与核心教学内容相对应的目标，即核心教学目标。设计教学包含教学材料的选择、训练题和作业的选择、学习活动数量的预估、评价方案的制定，以及单元学习时间（课时）的预估（见表 3-1）。

表 3-1 单元规划属性表

<table>
<tr><td colspan="2">年级</td><td></td><td>教材</td><td colspan="2"></td></tr>
<tr><td rowspan="2">A. 单元规划</td><td>方法</td><td colspan="4">□语言知识 □语言技能 □话题 □功能 □教材</td></tr>
<tr><td>名称</td><td colspan="4"></td></tr>
<tr><td colspan="2">B. 单元教学内容</td><td colspan="4"></td></tr>
<tr><td colspan="2">C. 单元教学目标</td><td colspan="4"></td></tr>
<tr><td rowspan="5">D. 设计教学</td><td>教学材料</td><td colspan="4">□教材中的素材 □训练题 □作业</td></tr>
<tr><td>学习活动</td><td>输入活动数量</td><td></td><td>输出活动数量</td><td></td></tr>
<tr><td rowspan="2">评价方案</td><td>评价形式</td><td colspan="3">□过程评价 □纸笔测试 □其他____</td></tr>
<tr><td>评价时机</td><td colspan="3">□随堂 □课后 □单元结束后</td></tr>
<tr><td>单元学习时间</td><td colspan="4">____课时</td></tr>
</table>

（三）问题导向

问题导向模块分为四项内容，分别指向单元规划属性表中的四个核心环节：A. 单元规划；B. 单元教学内容；C. 单元教学目标；D. 设计教学。

A. 单元规划

A-1 单元规划的方法是什么？

A-2 单元的名称是什么？

B. 单元教学内容

B-1 单元教学内容是什么？

B-2 核心内容是什么？呼应《教学基本要求》中的哪一个标引？

C. 单元教学目标

C-1 最核心的单元教学目标是什么？

C-2 该目标的水平是什么？是否呼应《教学基本要求》？

D. 设计教学

D-1 如何选择教学材料？

D-2 单元输出活动有几个？单元输入活动有几个？

D-3 单元评价的形式是什么？何时进行评价？

D-4 该单元教学共需多少课时？如何进行分配？

三、建议

单元规划应根据教学需求和学情分析来选择恰当的方法。无论选择何种规划方法，规划出的单元都不是孤立的，同一类型的单元之间有关联，不同规划方法规划出的单元之间也有关联，而这些关联对教学设计有着较大的影响。教师往往会忽略单元之间存在的内在关联。在规划教材单元时，教师可能会面临如何确定单元的核心教学目标的问题。下面作者就这些问题给出建议。

（一）要意识到单元之间的关联

“知识单元”与“技能单元”之间有着密切的联系。超出 A 级水平（知道）的语言知识必然涉及听、说、读、写中的一个或多个技能。如“语音单元”中的学习内容“节奏”的学习水平均为 B 级（理解），要求学生在听说活动中判断句子重音、连读和不完全爆破、语调等。

“话题单元”与词汇、技能、语篇等密不可分。首先，围绕特定的话题有特定的词汇，如围绕“健康与饮食”话题的名词有 sports，hospital，vegetable，illness 等，动词有 jog，drink，grow 等。其次，听、说、读、写等技能的训练往往以话题为载体开展语言实践活动，如围绕“健康与饮食”话题的技能训练有谈谈你的饮食习惯（说）；写一份健身计划（写）；阅读一篇介绍如何减肥的文章（读）等。最后，语篇一般都有一个或多个特定的话题，围绕话题的讨论一般通过语篇来表达。初中英语教材的编写大多根据话题来组织，通过语篇来呈现。

“功能单元”与“听”“说”技能、语音、词法和句法等有着密切的关联。功能是语用最直接的体现方式，往往在“听”“说”活动中进行传递。而语调、语气、重读等语音现象传递说话人的“感情”或“态度”。特定的功能总是与特定的词法和句法有关，如 Open the door. 是一个祈使句，表达的功能是“命令”；Please open the door. 也是一个祈使句，但表达的功能是“请求”；Would you please open the door？是一个一般疑问句，以 would 开头，表达的功能是“礼貌”。

同一类单元之间也有关联。以功能中的“邀请”为例：A：I'm going to the concert. Would you come with me？ B：I'd like to，but I have a meeting. 对话中 A

发出邀请，B 拒绝邀请。

教材自然单元之间的关联也要关注。以《牛津英语（上海版）》为例，每一册教材按模块来展开，每一个模块下包含二至四个自然单元，这些单元之间具有并列的关系，有时候前一个单元是后一个单元的学习基础。以《牛津英语上海版》六年级下册第一模块 City life 为例，该模块包含四个单元：Great cities in Asia，At the airport，Dragon Boat Festival。Staying healthy。第一单元介绍了亚洲的三个大城市，第二单元的内容是乘飞机到大城市去旅游，第三单元讲述城市的历史与文化，第四单元讲述城市里人们的健康生活。四个单元都围绕“城市”这个话题展开，但各有侧重，前一个单元是后一个单元的学习基础。

（二）要利用单元之间的关联进行教学设计

教师在规划出单元后，要把与该单元有关联的其他单元进行梳理，分析其中内在的联系，也要考虑该单元与同类单元之间的关联，然后撰写单元教学目标，开展单元教学设计。

单元教学目标要体现不同类型单元之间的关联。如 To express preferences with “I’d like to...”，该目标将“偏爱”功能与句型 I’d like to 进行了关联。

围绕单元教学内容设计关联其他单元内容的学习活动。以上述“偏爱”功能单元为例，创设“运动”话题的情景，鼓励学生开展结对活动，用不同句型交流各自的“爱好”和“偏爱”，并说出理由。

围绕单元教学内容的评价设计也要与其他单元相关联。如“节奏”单元的评价活动，可以让学生听对话、模仿语调和连读，还可以让学生用不同的语调来朗读同一句话来表达不同的“感情”或“态度”。

（三）教材自然单元核心教学目标的确定

确定核心教学目标是规划教材单元的主要任务之一。一般来说，可以从新授的语言技能和新授的功能两个视角来确定单元的核心教学目标。

1．从新授语言技能的视角

分析单元内听、说、读、写四个板块的内容，列出听、说、读、写的技能目标，从纵向视角判断这些目标是否为新授。如果这些目标在先前的教材中已经出现，则一般不列为本单元的核心目标，如大部分单元都涉及的听细节信息技能（Listening for specific information），和略读获取大意技能（Skim for the main idea）。

2．从新授功能的视角

一般而言，每个单元听、说的教学内容总是与某特定的功能有关联，并且与本单元新授的语言点有关。如《牛津英语（上海版）》六年级上册第八单元 The food we eat，新授的语言点是 What would you like…？ / Would you like…？ / I'd like to...。单元中"听"和"说"相关的功能是用 What would you like to…？和 Would you like…？询问他人的饮食喜好用 I'd like to…表达个人饮食喜好，这两个目标就是本单元核心的教学目标。

单元核心教学目标体现该单元的语用价值，它往往不是孤立的语言目标，而是综合了语言知识、语言技能、语篇、话题和功能的目标。

第二节　单元教材教法分析

一、概述

（一）界定

单元教材教法分析是教师基于《课程标准》研究教材、分析教材单元，确定单元学习内容、学习水平与基本课型的过程。单元教材教法分析是单元教学设计的起点，是实施课堂教学与评价的基础。

（二）依据

初中英语单元教材教法分析的依据是《课程标准》和《教学基本要求》，单元学习内容的解读和教学方法的选择要依据《课程标准》和《教学基本要求》。

（三）任务和方法

初中英语单元教材教法分析有三方面的任务，包括分析教材单元的目标特征、内容特征与教学特征，即确定单元学习内容、学习内容的学习水平和基本课型。

教师开展单元教材教法分析，首先，需要研读《课程标准》与《教学基本要求》，理解指向学科核心素养的能力矩阵，确定教材单元解读的框架与维度。其次，教师需要深度解析教材，确定单元的学习内容与水平，包括解读教材单元中语言知识和语言技能的学习内容。纵向分析知识与技能在初中学段的学习地位；解读教材单元内部结构特征，横向分析单元中听、说、读、写等活动的呈现方式与功能，分析各板块之间的内在关联；解读教材单元的教育价值，从学科核心素养的视角建立学科课程目标与教材单元教学内容的关联。最后，教师要明确教材单元核心学习内容的学习水平、学习要求与基本教学课型，使与《教学基本要求》相呼应。

二、规格

单元教材教法分析规格为教师提供解读分析教材单元的操作路径，包括单元教材教法分析流程、呈现教材教法分析要素的属性表，以及在分析过程中引导教师实施、反思与检核的问题导向。

单元教材教法分析的规格与说明旨在以可视化的方式为教师提供工具性的支持与辅助。

（一）流程

单元教材教法的分析流程（如图 3-2）。

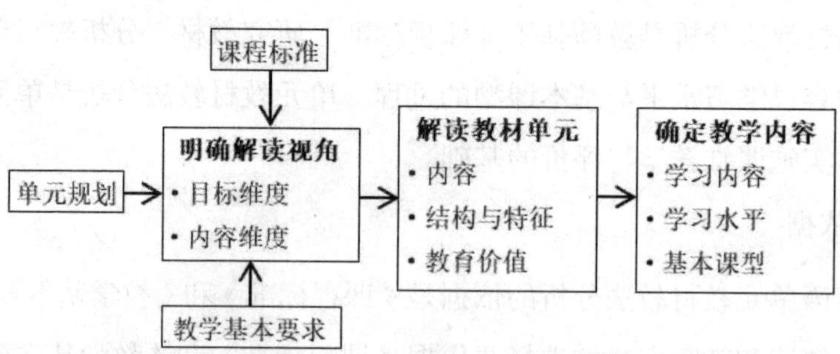

图 3-2　单元教材教法分析流程

说明：

“单元规划”以虚线表明它是“教材教法分析”的起点。“明确解读视角”是单元教材教法分析路径的起点，指依据《课程标准》和《教学基本要求》合理确定解读教材单元的目标维度和内容维度。

“解读教材单元”是单元教材教法分析流程中的重要环节。“解读内容”是指基于《教学基本要求》，分析语音、词汇、词法、句法、语篇、功能、话题等方面的学习内容，以及学习内容在体系中出现的顺序与复现频率。“解读结构与特征”指的是立足于单元的整体框架，分析听、说、读、写等技能板块的特征与相互关联；分析呈现方法、练习要求、主阅读语篇与辅助阅读语篇的关系等。“解读教育价值”指的是分析教材的育人价值、跨文化理解的学习价值以及在学习过程中渗透的学科学习方法（如自主学习和合作学习）和思维品质的培育价值。

“确定教学内容”是指在解读教材单元的基础上，确定单元内容的学习水平（呼应《教学基本要求》的内容标引与水平界定），确定基本学习要求与建议教学课型。

（二）属性表

属性表依据教材教法分析流程编制，从内容、水平和课型三个维度解释单元教材教法分析的内容特征、目标特征和教学特征。属性表包含单元教材教法分析的主要任务和要求，供教师在分析过程中填选，有助于教师在确定单元教学目标之前，依据《课程标准》和《教学基本要求》合理剖析教材单元（见表 3-2）。

表 3-2 单元教材教法分析属性表

<table>
<tr><td rowspan="2">A. 明确解读视角</td><td>目标维度</td><td colspan="3"></td></tr>
<tr><td>内容维度</td><td colspan="3"></td></tr>
<tr><td rowspan="12">B. 解读教材单元</td><td rowspan="8">内容</td><td>栏目</td><td>描述</td><td>地位</td></tr>
<tr><td>语音</td><td></td><td></td></tr>
<tr><td>词汇</td><td></td><td></td></tr>
<tr><td>词法</td><td></td><td></td></tr>
<tr><td>句法</td><td></td><td></td></tr>
<tr><td>语篇</td><td></td><td></td></tr>
<tr><td>功能</td><td></td><td></td></tr>
<tr><td>话题</td><td></td><td></td></tr>
<tr><td rowspan="3">结构与特征</td><td>单元结构</td><td colspan="2"></td></tr>
<tr><td>板块功能</td><td colspan="2"></td></tr>
<tr><td>板块关联</td><td colspan="2"></td></tr>
<tr><td>教育价值</td><td colspan="3"></td></tr>
</table>

续表

	内容	标引	水平	单元具体要求	课型建议
C．确定教学内容	语音				
	词汇				
	词法				
	句法				
	语篇				
	功能				
	话题				

（三）问题导向

问题导向模块共分三项内容，分别指向单元教材教法分析属性表的三个核心环节：A．明确解读视角；B．解读教材单元；C．确定教学内容。

A．明确解读视角

A-1　课程标准中英语学习的总目标有哪些?

A-2　教学基本要求规定的英语学习的内容是什么?

B．解读教材单元

B-1　本单元学习内容是什么?

B-2　本单元学习内容是新授、复现还是复习?

B-3　本单元有哪些技能板块?

B-4　各技能板块的功能和呈现形式是什么?

B-5　单元中技能板块之间的关联是什么?

B-6　本单元的教育价值是什么?

C．确定教学内容

C-1　单元学习内容的水平是什么?

C-2　单元学习内容的具体要求是什么?

C-3　与水平和要求相呼应的课型是什么?

三、建议

在单元教材教法分析中，教师要整体了解单元的体系结构、地位作用、文字内容、语言表达等。教师在单元教学教法分析时常会有这些困惑：单元学习内容有哪些要素，如何确定单元学习内容的学习水平，确定教学课型需遵循的基本原则是什么。本板块就这三个问题给出具体建议。

（一）确定单元学习内容要素

单元学习内容的要素是指教师在研读教材时确定教什么的视角，也是学生通过教材内容的学习能习得、获取和提高的核心要素。学生的能力提升不应局限于语言知识与语言技能、跨文化交际、思维品质、学习策略与情感态度价值观的养成与发展等，这些都是每个单元重要的学习内容。

1．指向语言能力发展的语言知识和语言技能要素

基于《教学基本要求》，教师要从语音、词汇、词法、句法、语篇、功能和话题等方面确定教材单元新授的语言知识。单元语言技能指的是单元核心语言知识在听、说、读、写等语言活动中的具体体现，是更为细化地体现单元学习内容特征的语言技能要求。以《牛津英语（上海版）》六年级上册第三单元 Spending a day out together 为例，“词法”栏目的新授语言知识为：疑问词 Which place...？ When...？ What time...？ How...？ How much...？ How about...？与之相关的语言能力体现为“说”的能力要求：能用 when、how、how much 等疑问词围绕“旅行和出游”和“出游计划”话题询问信息，给出建议，并就相关问题用 have been to，be near / far from 等作出简单、正确的回应，完成基本对话。

2．指向学习能力发展的思维品质与学习策略

教材各单元的文本有特定的体裁和题材，均能培养学生思维品质和学习策略。以《牛津英语（上海版）》八年级上册第六单元 Aliens land on our world 文本为例，教师可以让学生克服生词障碍完成自主阅读；也可以在阅读后让学生判断文中的 aliens 是谁，激活学生逻辑思维；也可以让学生思考 aliens 是否是地球人，培养批判思维；还可以让学生思考：如果自己不幸降落在外星球会怎么办，激活学生的创新思维。

3．指向立德树人的情感态度价值观

文本的教育价值不仅指的是语言交际价值，还包含培养学生独立健全人格、

高尚道德品质的育人价值，有助于学生了解英语国家与中国的文化异同，促进跨文化理解与认识，形成跨文化交往意识的文化价值。同时该价值包含有助于培养学生的英语学习兴趣与习惯，以及乐于合作等方面的情感价值。

以《牛津英语（上海版）》七年级上册第四单元 Jobs people do 为例，学生通过学习这个单元理解不同职业对社会稳定、和谐与发展的重要性，学会尊重不同职业，理解职业无贵贱之分的道理。

（二）确定单元学习内容的学习水平

单元学习内容的学习水平决定了“学到什么程度”，教师要了解该内容在某学段的学习水平，在单元内与其他知识以及与听、说、读、写各技能之间的关联，还有与教材中其他单元相关内容的关联。

1. 呼应学科教学基本要求的学习水平

《教学基本要求》中每一个内容都有明确的学段水平，每一个单元的语言知识与语言技能都有一个明确的学习水平，单元的学习水平应在该学段的学习水平内，不应高于学段水平。水平不是一成不变的，相同的学习内容在不同单元的水平可根据学生、文本内容与难度进行调整。

2. 解析单元内部横向内容结构关联

单元语言知识与技能的学习内容在不同课时也有不同的学习水平，需要从单元整体内容的角度解析单元内部的结构相关性，明确界定同一知识与技能内容在单元内部的学习水平，即“知道”“知道—理解”或“知道—理解—运用”。

3. 解析教材单元纵向内容结构关联

鉴于教材知识体系是螺旋上升的结构，相同的学习内容会在不同单元呈现新授、复习或者复现等不同教学类型。一个单元的学习水平应以《教学基本要求》为最终学段水平，同时也需要解析该单元在教材中的地位，依据单元学习内容在教材中出现的位置与复现的频次确定符合学段水平的单元学习水平。

（三）确定教学课型的原则

1. 整体性原则

确定教学课型不能只从学习内容的角度思考，而要整体考虑选择哪个课型更有助于达到既定的学习水平。比如学习某一项新的语法，如果想要达到A级水平（知道）或是B级水平（理解），课型往往是语法课或是阅读课，如果要达到C级水平（运用），教师则可以在写作课中进行教学。

2．侧重性原则

学习内容的目标可以通过听、说、读、写、译等多种途径来实现，但是课型选择要有所侧重，突出课型特征，教师要选择与学习水平相符、学情相符的课型。以“语篇”学习内容为例，可以是听的课型，可以是指向阅读能力培养的阅读课型，也可以是基于文本话题内容或体裁结构学习的“以读促写”课型，或是指向写的能力的写作课型，但一般不会是“又读又写”重点不分的课型。

第三节　单元教学目标设计

一、概述

（一）界定

单元教学目标是学生学习某一教材单元以后行为或状态的预期变化，是学生完成单元学习后应达到的行为或状态的具体描述，是学期、年级目标的细化和分解。单元教学目标的确定以教材教法分析为起点，是单元活动设计、作业设计、评价设计和资源设计的基础。单元教学目标是划分单元课时的前提，它回答的是学生学习一个教材单元后“能做什么”的问题，体现了教材单元的教育价值，指向学生英语学科核心素养的培养。

（二）依据

单元教学目标设计是单元教学设计的核心，其依据是《教学基本要求》、教材教法分析和学情分析。教材教法分析确定了单元教学目标的主要内容，即“教什么”。《教学基本要求》与学情分析明确了单元学习内容的水平，即“教到什么程度”。

（三）分类

单元教学目标可以分成两类，即达成性目标和发展性目标。达成性目标是单元教学后可检测的目标，具有显性的特征，一般指向语言知识。发展性目标则是阶段性或者长期性的目标，具有隐性的特征，需要通过长期的培养才能达成，通常指向语言技能、学习策略、思维方式等。

（四）方法

单元教学目标设计不是将课时目标简单叠加或者照搬《教学基本要求》的内容，而是分解、细化学期目标。设计达成性目标时，需重点关注单元话题情景下学习内容各要素之间的关联性，即语音、词汇、词法、句法、语篇、功能、话题等之间的关系；设计发展性目标时，需根据学情和学习难点分析，通过增加情境或者条件，合理确定学习内容的学习水平，将长期目标细化或者分解成阶段性目标。

二、规格

单元教学目标规格包含单元教学目标设计流程、属性表和问题导向三个部分。单元教学目标设计的起点是“教材教法分析”，设计流程包含“整合学习内容”“分析学情”“确定学习难点”“确定单元教学目标（含确定教学重点）”。同时，配有属性表和问题导向等可视化工具，用于引导教师合理确定单元教学目标。

（一）流程

单元教学目标的设计流程（如图 3-3）。

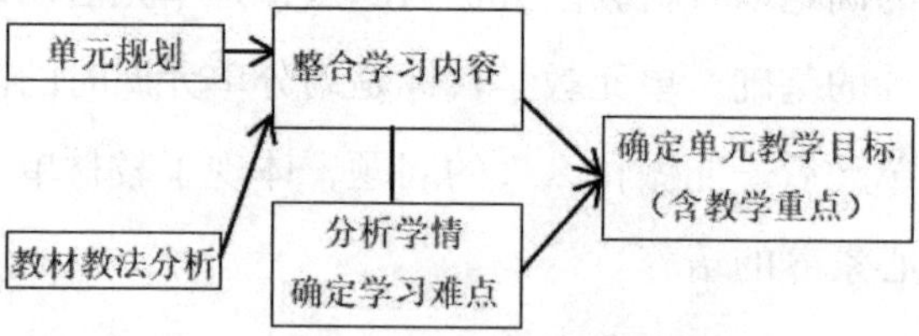

图 3-3　单元教学目标设计流程

说明：

在“单元规划”和“教材教法分析”的基础上“整合学习内容”，同时“分析学情”和“确定学习难点”，为确定单元教学目标提供依据。在两者基础之上，确定单元教学目标（包含教学重点）。

“整合学习内容”是将“教材教法分析”的结果按照“理解与表达”“语用与

语感”和“文化与情感”三个维度加以梳理整合，其中主要是语言知识与技能的整合。

“分析学情”是分析学生学习某单元的起点，其中包含学生的学习经历和背景、学习困难和认知规律等。“确定学习难点”是基于学情分析，对学生可能遇到的学习困难的预设。学习难点兼具普遍性和个性化的特点，此处指大部分学生在某一单元学习中普遍存在的学习困难。

“确定单元教学目标”是指依据教材教法分析、学情分析的结果，从内容、条件、水平等方面具体描述单元教学目标。“确定单元教学目标”是结合学生学习难点，通过增加情境和条件，将教学目标具体化的过程。

“确定教学重点”是指在单元教学目标确定后，明确最重要的目标条目（一般是语言知识目标或语言技能目标）。这些目标反映一个单元最为重要的学习内容，具有不可替代性，是一个单元学习价值的集中体现。一般来说，教学重点是相对稳定的，而学习难点较为复杂，具有校本化和个性化的特点。

（二）属性表

教材教法分析的结果是单元学习的主要内容，包含语言知识和语言技能。其帮助教师梳理整合学习内容，找到语言知识和语言技能之间的对应关系，将学习内容填入两者对应关系的交集处。单元目标确定基于教学内容的整合。通过分析学情和确定学习难点，发现学生已有水平和目标之间的差距，然后运用具体化动词、增加情境和条件等方法形成单元教学目标（见表 3-3）。

表 3-3　单元教学目标属性表

	知识	技能				具体要求	学习水平
		听	读	说	写		
A. 整合学习内容	语音						
	词汇						
	词法						
	句法						
	语篇						
	功能						
	话题						

续表

B．分析学情，确定学习难点	学习起点					
	学习保障	□同伴互助　□教师帮助　□其他支持				
C．确定单元教学目标（含教学重点）	目标内容	学习水平	动词表述	学习情境	目标类型	教学重点
	理解与表达					
	语用与语感					
	文化与情感					

填表说明：

·“学习水平”填写 A，B，C 或 D（A.知道　B.理解　C.运用　D.综合）

·“目标类型”填写 A 或 B（A.达成性目标　B.发展性目标）

·“动词表述”“学习情境”和“教学重点”填写“是”或“否”

（三）问题导向

作为属性表的辅助，问题导向引导教师思考设计教学目标的过程，关注达成目标的内容、维度、水平、条件、情境和类型，帮助教师合理确定单元教学目标，提升目标的达成度。问题导向模块共三个部分：A．整合学习内容；B．分析学情；确定学习难点；C．确定单元教学目标（含教学重点）。

A．整合学习内容

A-1　语言知识和语言技能之间有内在的联系吗？例如，语音和听、说关联度更高一些吗？

A-2　一项语言技能和几类语言知识有交集吗？例如，写和词汇、词法、句法、功能、话题有交集吗？

B．分析学情，确定学习难点

B-1　学生学习本单元的起点是什么？

B-2　学生在学习语言知识、发展语言能力的过程中是否需要来自同伴、教师或者技术的支持？

C．确定单元教学目标（含确定教学重点）

C-1　目标是否涵盖了学习内容、水平、行为和情境等要素？

C-2　目标属于理解与表达、语用与语感或文化与情感的哪一个维度？

C-3　目标属于达成性目标还是发展性目标？

C-4　哪一条目标是本单元的教学重点？

三、建议

在单元教学目标设计过程中，教师可能会面临以下四个主要问题：如何整合学习内容，如何具体表述学习目标，如何制定发展性目标，如何确定情感态度价值观类的目标。作者就这四个问题提供以下可操作的具体建议和方法。

（一）整合学习内容

整合学习内容，不是把语言知识和语言技能简单叠加，而是要梳理语言知识与语言技能、语用与语感、文化与情感等之间的关系，找到最佳结合点。学习内容整合的结果呈现形式见表 3–3，现就具体整合过程和方法提供操作示例，供教师参考。

1．语音与语言技能的整合

语音学习应该与词汇、句子和语篇的学习相结合。通过听、说、读、写等语言实践活动，运用语音知识，使用正确的语音和恰当的语调表情达意；根据语音语调的变化，理解说话人的意图；区分交际场合，做出恰当的应对，完成交际任务。具体的语音知识和语言技能整合的示例（见表 3–4）。

表 3–4　语言知识与语言技能整合示例

语言知识	语言技能	示例
语音	听	听校园内有关行为规范的对话，根据重音判断说话人的意思
	读	运用连读和失去爆破规则，流利朗读本单元词块和语篇
	说	在使用 shall 提建议时，能用正确的语调
	写	能根据元音字母及其组合的发音规则，听写本单元单词或词块

2．词汇与语言技能的整合

词汇学习是指在听、说、读、写等活动中，理解词性、词汇的语法性质和词义，体会词汇在不同语境中词性和词义的变化，提高灵活运用词汇的能力，逐步养成良好的词汇积累习惯。具体的词汇和语言技能整合的示例（见表 3–5）。

表 3–5　词汇与语言技能整合示例

语言知识	语言技能	示例
词汇	听	听有关“植树节”的对话，记录描写树木重要性的形容词，如 clean、fresh、less dirty 等
	读	阅读语篇 Water Talk，标记出文中关于水循环的行为动词
	说	能正确使用 tasty、salty、sweet、sour、bitter、spicy 等形容词谈论食物的味道
	写	正确使用本单元的核心动词，描述故事“渔夫与金鱼”的主要情节

3. 话题知识与语言技能及文化意识的整合

话题知识的学习应该和听、说、读、写等语言实践活动相结合，以话题为载体，巩固语言知识，发展语言技能。同时，能主动获取话题信息，乐于交流分享，形成有效的学习策略，提高语言理解和表达能力，了解东西方文化习俗，培养民族精神和跨文化意识（见表 3-6）。

表 3-6　话题知识与语言技能及文化意识整合示例

语言知识	语言技能	示例
话题	听	听一段关于学校开放日话题的对话，了解国外学生的学校生活
	读	阅读有关圣诞节话题的文章，了解西方主要节日
	说	为来访学生介绍上海主要景点及其历史，传播中国文化
	写	学习写明信片，介绍自己的旅游见闻和体会

（二）具体表述学习目标

科学合理的教学目标不仅内容适合，而且学习行为具体明确，具体表现在动词表述上。教师应该注意以下三个方面：①动词要反映学习内容的学习水平；②动词和学习内容之间的搭配要适合；③可以通过给动词加副词或短语，将学习行为具体化。

1. 根据学习水平选择适合的动词

《教学基本要求》为教学目标的撰写提供了可操作的目标水平描述动词。在知道（A）、理解（B）、运用（C）和综合（D）四个水平之下，教师可选择对应的学习行为进行描述。具体的教学目标使学习行为具体可行，而且有利于后续的评价和检测。具体的从认知视角描述学习水平的行为动词（见表 3-7）。

表 3-7　学习水平分类（行为动词范例）

水平级别	行为描述用词范例
知道（A）	知晓、跟读、抄写、背记、朗读、书写、了解……
理解（B）	听懂、读懂、应答、选择、获取、判断、分析……
运用（C）	会话、表达、描述、写出、转换、推理、掌握……
综合（D）	赏析、辩论、编写、搜集、筛选、处理、制作……

2. 给动词加副词或短语

根据内容的学习水平选择了对应的动词，但是有些动词表述仍然比较模糊，如动词“知晓”“了解”“掌握”等。教师应该尽量避免选择意义含糊的动词，可以通过在动词后增加副词或短语，进一步明确学习行为（见表 3-8）。

表 3-8　动词具体表述示例

水平级别	具体行为描述范例
知道（A）	To read the dialogue aloud and fluently after the tape
理解（B）	To understand the tale *The Fisherman and the Fish* literally and critically through identifying and analyzing the key elements
运用（C）	To describe the picture in detail with the help of the words given

（三）制定发展性目标

发展性目标是单元目标的重要组成部分。发展性目标的制定和完成体现了英语学科的育人价值，是培养英语学科核心素养的途径之一。在制定发展性目标时，教师需要关注下面三个问题。

1．为什么要制定发展性目标

单元教学目标一般包含达成性目标和发展性目标。达成性目标通常是单元学习后学生必须要掌握的语言知识或语言技能，这也是学生单元学习即时效果的评价标准。发展性目标一般要通过若干个单元甚至更长时间的学习才能达成，是“语用与语感”和“文化与情感”类目标，是学科核心素养重要的组成部分，体现一个单元的教育价值。发展性目标的制定体现了以学生发展为本的课程理念，服务于学生的英语综合语言运用能力发展的需求。同时，关注发展性目标的制定，可以帮助学生培养对英语学科的兴趣和积极情感，养成良好的学习习惯和方法，从而逐步培养学生自主学习语言的能力。

2．发展性目标包含哪些内容

发展性目标主要包含以下三个方面的内容：①文化意识；②思维品质；③学习能力。单元主题下的发展性目标不能等同于课程目标，它是指具体话题语境下，学生在发展语言能力的过程中，理解中外优秀文化，拓展国际视野，提升跨文化交际能力、思辨能力和学习能力。例如，初中阶段的学生要了解西方国家的食物及饮食文化习惯。要达成此目标，《牛津英语（上海版）》六年级上册第八、九和十单元，以及七年级上册第八、九和十单元，乃至高中阶段都要进行这方面知识的学习。

3．如何使用恰当的动词表述

准确把握单元主题情景下发展性目标的内涵，并选择恰当的动词表述发展性目标，才能有利于发展性目标的阶段性达成，防止目标的形式化。这一类目标通常用“意识到”“增强意识”“逐渐学会”“逐渐养成”“反思”等动词，即 to raise the awareness of the importance of protecting the environment; to gradually get into the habit of 等。

（四）确定情感态度价值观目标

情感态度价值观目标属于发展性目标的范畴，因此具有隐性和长期性的特征。文化与情感包含多元的文化意识、跨文化理解能力、正确的学习态度、积极的学科情感和良好的语言自觉。情感态度指兴趣、动机、自信、意志和合作精神等影响学生学习过程和学习效果的相关因素，需要通过长期的培养才能达成。

撰写此类目标可以结合单元话题，包含学习过程体验，以及言语交际过程中的角色意识和情境意识等。关注学生在单元学习过程中的积极情感体验、自我意识以及良好个性品格的养成，关键是学生在学习过程中的自我意识和同伴意识。以《牛津英语（上海版）》七年级下册第五单元 What can we learn from others？为例，教师在设定情感、价值观目标时，要让学生在推选班级模范学生时，正确评价他人，充分认识到自己的不足。

情感态度价值观不是学生学习的显性成果，而是学生的学习过程性体验。因此，此类目标的设计应该和知识、技能目标相结合，并且要有具体的话题语境、学习过程和动作描述。具体设计和改进方法（见表 3-9）。

表 3-9　改进情感态度和价值观类目标示例

原目标	改进目标
To love our city	To learn about the development in our city
To learn to love animals	To learn to care for pets at home
To be aware of the importance of water	To be aware of the shortage of drinking water
To get into a good eating habit	To get into a good eating habit by following the instructions given

第四节　单元学习活动设计

一、概述

（一）界定

单元学习活动是落实单元教学目标的载体，是根据教材内容，依据教材教法分析和单元教学目标，让学生通过听、说、读、写等活动，在交流合作和探究中学习、操练、运用英语，培养和提高英语综合运用能力的过程。单元学习活动是中观层面的设计，向上呼应单元教学目标，向下协调课时之间的教学逻辑。

（二）原则

单元学习活动设计依据单元教材教法分析和单元教学目标。单元学习活动的设计要以情境为背景，以语用为目的，让学生在完成特定语言任务的过程中激活思维。单元学习活动要根据目标选择恰当的形式，以加强学生间的互动来确定反馈的形式。

（三）分类

单元学习活动分为输入活动和输出活动两类。输入活动体现单元的教学价值，输出活动体现教学目标的达成度。单元学习活动设计不是课时教学活动的总和，而是以单元为视角，整体设计输入与输出活动。单元学习活动落实到课时就是课时学习活动。

（四）要素

单元学习活动设计的要素包含活动名称、活动目标、活动类型、活动水平、活动时间、活动内容、活动形式、活动情境、活动资源、活动反馈与活动档案。

二、规格

单元学习活动设计规格包含单元学习活动设计流程、属性表和问题导向三个方面。单元学习活动设计流程的要素有分析单元教学目标、确定单元活动目标、设计单元学习活动、落实单元学习活动和建立活动档案。与之对应的是属性表和问题导向等可视化工具，用于引导教师合理设计单元学习活动。单元学习活动设计流程（如图 3-4）。

（一）流程

单元学习活动的设计流程（如图 3-4）。

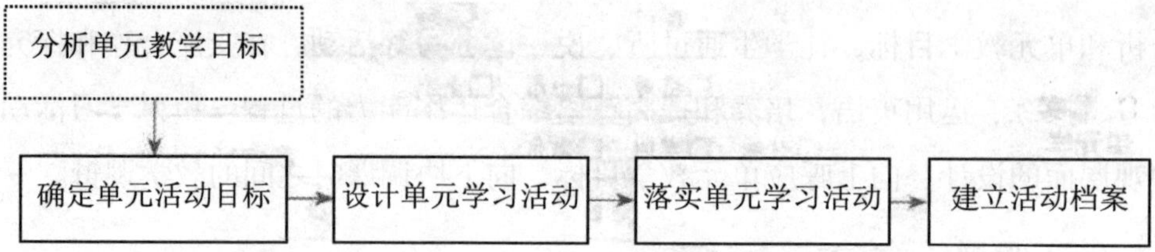

图 3-4　单元学习活动设计流程

说明：

“分析单元教学目标”是单元学习活动设计的起点，教师应根据单元教学目标确定单元活动目标，根据单元活动目标设计单元学习活动。确定相应的输出活动及活动属性，再设计相应的输入活动，帮助完成输出活动。根据学生和学校情况落实单元学习活动，思考在哪个课时完成哪个输出或输入活动。活动结束后，积累活动过程中的资料，记录活动中的点滴，如学生的表现和行为等，把资料进行归档分类。

（二）属性表

单元学习活动设计为教师提供了两种属性表：单元学习活动设计属性表和整个单元学习活动统计表。单元学习活动设计属性表根据活动设计流程而制，含活动设计的基本要素，供教师设计学习活动时填写或勾选（可多选）。整个单元学习活动统计表帮助教师对单元学习活动进行整体思考，确定相对应的单元教学目标，在第几课时落实目标等。

单元学习活动设计属性表（见表 3-10）。

表 3-10　单元学习活动设计属性表

<table>
<tr><td rowspan="4">A．确定单元活动目标</td><td>单　元</td><td colspan="2"></td></tr>
<tr><td>教学目标</td><td colspan="2"></td></tr>
<tr><td>活动名称</td><td colspan="2"></td></tr>
<tr><td>活动目标</td><td colspan="2"></td></tr>
<tr><td rowspan="5">B．设计单元学习活动</td><td>活动类型</td><td colspan="2">□输入活动　□输出活动</td></tr>
<tr><td>活动水平</td><td colspan="2">□知道　□理解　□运用　□综合</td></tr>
<tr><td>活动时间</td><td colspan="2">____分钟</td></tr>
<tr><td rowspan="2">活动内容</td><td>任务描述</td><td></td></tr>
<tr><td>呈现形式</td><td></td></tr>
</table>

续表

<table>
<tr><td rowspan="5">C．落实单元学习活动</td><td>活动落实</td><td>在第____课时</td></tr>
<tr><td>活动形式</td><td>□个人　□结对　□小组　□全班</td></tr>
<tr><td>活动情境</td><td>□时间　□空间　□角色</td></tr>
<tr><td>活动资源</td><td>□文本　□图片　□照片　□录像　□实物　□其他</td></tr>
<tr><td>活动反馈</td><td>□口头　□书面　□口头+书面</td></tr>
<tr><td>D．建立活动档案</td><td colspan="2">□知识类　□实践类　□参与情况记录　□参与表现记录</td></tr>
</table>

整个单元学习活动统计表（见表 3-11）。

表 3-11　整个单元学习活动统计表

<table>
<tr><td>单元教学目标</td><td colspan="3"></td></tr>
<tr><td>单元输出活动数量</td><td>____个</td><td>单元输入活动数量</td><td>____个</td></tr>
<tr><td>单元课时划分数量</td><td colspan="3">____课时</td></tr>
<tr><td>单元输出活动</td><td colspan="2">对应单元教学目标（编号）</td><td>第几课时落实（编号）</td></tr>
<tr><td></td><td colspan="2"></td><td></td></tr>
<tr><td></td><td colspan="2"></td><td></td></tr>
<tr><td></td><td colspan="2"></td><td></td></tr>
<tr><td>单元输入活动</td><td colspan="2">对应单元输出活动（编号）</td><td>第几课时落实（编号）</td></tr>
<tr><td></td><td colspan="2"></td><td></td></tr>
<tr><td></td><td colspan="2"></td><td></td></tr>
<tr><td></td><td colspan="2"></td><td></td></tr>
<tr><td>单元学习活动档案</td><td colspan="3"></td></tr>
</table>

（三）问题导向

A．确定单元活动目标

A-1　本单元的教学目标是什么？

A-2　学习活动的名称是什么？

A-3　学习活动的目标是什么？

B．设计单元学习活动

B-1　是输入活动还是输出活动？

B-2　该活动的学习水平是什么？

B-3　该活动持续多长时间？

B-4　活动内容

B-4-1　该活动的具体任务是什么？

B-4-2　该活动组织形式是什么？

C．落实单元学习活动

C-1　单元学习活动分别在哪个课时落实？

C-2　活动形式是个人、结对、小组还是全班？

C-3　活动情境是否有时间、空间及角色？

C-4　需要什么活动资源？

C-5　以什么方式进行反馈？

D．建立活动档案

D-1　单元学习活动后能留下什么？

D-2　活动档案如何加以利用？

三、建议

单元学习活动设计过程中，教师可能会面临这三个问题：情境创设需要注意什么，哪种学习活动有利于激活学生的思维，如何在活动反馈中引发学生互动。以下就这三个问题提供具体建议。

（一）创设学习活动情境

情境是学生完成语言任务的背景，学生以某种角色进入特定的时间与空间，完成规定的语言任务或交际任务，达到操练、巩固、运用所学语言的目的。

（1）情境要尽可能真实。要创设学生熟悉的情境，贴近他们的生活或学习。

（2）要有明确的任务。学习活动的价值是达成语言教学的目标，学生能否用语言完成任务是衡量教学目标达成与否的途径，因此，情境中的任务要清晰且具体。

（3）要明确学生的角色。学生以什么角色进入情境是学习活动成败的关键。根据情境的需求，学生须担任其中的一个角色，如果是结对活动或小组活动，不同的学生须担任不同的角色。

（4）情境要具有开放性。过于封闭的情境容易导致语言活动机械，而开放性的情境为学生个性化的语言表达提供了空间，易激活学生思维，引发真实的互动。

（二）激发学习活动中学生的思维

激发学生积极思考是所有学习活动的目的之一。学生在学习活动中要能个性化地使用语言、表达观点、进行交流。

（1）不限制学生思维。无论是输入活动还是输出活动，活动的情境不能过于控制。比如针对 What does France make you think of？的“头脑风暴”活动，不宜一开始就给出关于法国的图片提示，要先让学生自己思考；比如让学生结对操练时，不宜给出详细的对话框架；再如，让学生归纳阅读文本的主旨大意时，不宜让学生做选择题，而应鼓励学生用自己的语言来归纳。此外，提问时尽量少用一般疑问句或反义疑问句，多用特殊疑问句。

（2）让学生理性表达。无论是单人活动、结对活动还是小组活动，表达是活动反馈的基本形式。理性的表达要求学生能“言之有物，言之有理”，在表达观点时能给出恰当的理由，并且要引发学生尽可能围绕某一观点给出不同的、个性化的理由。此外，输出活动还要引导学生“言之有我”，不要总是在讲他人，要联系自我，体现学习活动的育人价值。

（3）引发学生质疑。学生不应是学习活动的被动接受者，而应是积极的参与者，因此活动要能激发学生的批判思维，通过问题或任务引发学生思考。以阅读活动为例，可以通过以下问题让学生对文本进行质疑、评价：How do you like the title？What do you think of the ending？Do you think it was a true story？Why？Do you agree with the writer？Why？等。

（4）鼓励学生创新。在开放式的学习活动中，要鼓励学生的个性化表达，通过问题或任务引发学生思考。仍以阅读活动为例，在阅读文本后，可以通过以下问题引发学生思考：Can you think of another title for the passage？Do you agree with the writer？If yes，please support the writer with another example．If not，please state your reason．Can you think of an ending for the story？等。同样，让学生将所读对话改编为短文，将短文改为对话，或将短文或对话改编为课本剧等，这些活动都能鼓励学生创新。以写作活动为例，引导学生在开放式的话题写作中要写出不同于他人的内容、观点与理由。

（三）促进学习活动中学生的互动

活动的反馈可以通过抽样了解活动目标的达成情况。活动反馈不仅包括教师与某一位或某几位学生之间的单向交流，还包括全班学生讨论、分享学习的多向交流。

（1）引导学生倾听。学生反馈时，教师要引导其他学生倾听，必要时请他们重复或评价，而不是教师自己“包办”。倾听是相互学习、合作学习的基础，也是相互尊重的重要体现。某学生提出一个观点，教师可以问其他学生是否赞同，并说明赞同或反对的理由。

（2）引导学生提问。提问是引发互动的基本途径，学生只有认真听并且听懂了他人的发言，才能提出有质量的问题。教师要根据学生反馈的情况及时引发其他学生介入提问。如某组学生在反馈过程中有个别地方表达不清，可以引导其他小组的学生提问，以检测他们是否听懂，并给发言的小组改进的空间。

（3）引导学生评价。学生反馈后，教师不要“包办”评价，而是尽可能引导其他学生对发言的学生进行评价。教师要提醒学生，评价他人发言时要有礼貌，要看得到他人的闪光点，当然，也要能看到对方存在的问题，并提出建设性的意见。

7A Unit 2　This is my sister.

成都高新实验中学 彭君

一、单元整体解析

（一）主题语境解析

	主题语境	主题群	主题内容
主题语境解析	人与社会（Listening&Speaking，Grammar Reading）	人际交流	家庭成员介绍
	本单元（本册正式单元的第二个单元）以“The family”为主题，在第一单元“My name's Gina.”遇到新朋友，介绍自己，询问他们电话号码的基础上，自然过渡到去拜访新朋友的家人以及在外偶遇朋友家人的主题内容上。在 Section A 听前活动之前，在基于主题图以及主题语境一到朋友家做客的讨论下，通过 1a 学习与家人相关的词汇，如 grandparents，father，mother，sister，brother，再通过 1b 的听力导入表介绍人物的目标句型学习“This is/That is .../Who's he/she？”。利用 2a-2d 的听说活动，继续巩固表示家庭成员的目标词汇和介绍家庭成员的目标句型。通过到朋友家做客，询问朋友全家福照片中的家庭成员的听力练习，进一步强化人物关系以及指示代词的近指意义，而 2d 设置公园偶遇朋友家人，通过原指，强化巩固指示代词的原指意义，并进一步通过 2d 的对话架构“打招呼—介绍家人—初次见面问好—询问家人”的话语要素。在三个功能对话的基础上，Grammar 以表格的方式梳理了指示代词及其单复数形式近指原指表介绍人物和特殊疑问代词 who 表辨认人物的功能，并设置 3a 的控制性机械练习和 3b 的情境性练习，巩固所学语法规则。Section B 1a—1d 的听说活动，继续设置到朋友家做客的语境，由家人扩展到亲戚朋友上，并通过家谱图，进一步帮助学生梳理家庭成员之间的关系，帮助学生更加清晰简单地理解复杂关系。Reading 部分是一篇介绍家人的说明文，给学生提供一个独立成篇的篇章结构的范例，进而能够进行写作，以读促写		

（二）语篇类型分析

	语篇分布	语篇形式	语篇类型	主题	语篇出处	理解/表达
语篇类型分析	Section A 1b Listening	音频	对话	Lin Hai 到 David 家参加他的家庭聚会，认识 David 的家人	P69	理解
	Section A 2a，2b Listening	音频	对话	Li Lan 到 Cindy 家中做客，看到 Cindy 的全家福照片，进而询问 Cindy 的家人	P69	理解
	Speaking（Role play the conversation）	语篇	对话	Jane 在公园偶遇 Sally，Sally 介绍自己的妹妹 Kate 以及父母亲和兄弟给 Jane 认识的对话	P8	表达

续表

<table>
<tr><td rowspan="5">语篇类型分析</td><td>语篇分布</td><td>语篇形式</td><td>语篇类型</td><td>主题</td><td>语篇出处</td><td>理解/表达</td></tr>
<tr><td>Grammar</td><td>语篇</td><td>表格、对话</td><td>基于指示代词近指、原指以及 who 的语法规则操练</td><td>P9</td><td>理解</td></tr>
<tr><td>Section B
1b, 1c Listening</td><td>音频</td><td>对话</td><td>Tom 到 Jiang Tao 家做客，询问 Jiang Tao 的家庭成员</td><td>P70</td><td>理解</td></tr>
<tr><td>Reading</td><td>语篇</td><td>说明文</td><td>Jenny 介绍自己的家庭成员、亲戚朋友</td><td>P11</td><td>理解</td></tr>
<tr><td>Writing</td><td>语篇</td><td>说明文</td><td>通过 Paul 介绍自己的家庭成员，写一篇介绍自己家庭成员的文章</td><td>P12</td><td>表达</td></tr>
</table>

（三）情感体验与认知发展解析

情感体验与认知发展解析	本单元主题语境与学生生活和体验认知息息相关，以轻松并贴近生活的话题展开讨论，以简单的语言启发、提示学生，让学生在轻松和谐的氛围中探究式学习并完成学习任务。对于刚入学的初中生来说，结交新朋友，认识新朋友的家庭成员的主题学习，能够帮助学生化解结交新朋友的尴尬，从而学会如何轻松愉快地融入新学习环境中

（四）学情解析

<table>
<tr><td rowspan="3">学情解析</td><td>话题基础</td><td>7A Unit 1</td><td>Making new friends by introducing yourself</td></tr>
<tr><td>语言基础</td><td>7A Unit 1</td><td>元音字母 Aa，Ee 的发音以及 26 个字母所发辅音音素；
中英姓氏差异；
特殊疑问句 What's your name?</td></tr>
<tr><td colspan="2">潜在困难</td><td>指示代词的近指和原指；
家庭成员名词的单复数概念以及这些名词单复数概念和指示代词的单复数的对应的使用</td></tr>
</table>

（五）单元整体教学内容解析

主题语境	本单元主题语境涵盖“人与社会”下的良好的人际关系与社会交往，具体表现为通过到朋友家做客主动了解朋友家人以及主动向他人介绍自己的家人，学会主动交际、善于交际。单元主题虽然简单，但在培养学生语言交际能力以及思维能力方面起到了很好的初始阶段指引作用，比如通过不同情境学会使用近指原指，通过家谱图学会简单梳理学习策略，进而提高自身学习能力，有利于培养良好人际关系以及进行有效的社会交往
语篇类型	本单元总共有语篇 7 个：理解性语篇/输入性语篇（5），表达性语篇/生成性语篇（2）。语篇形态丰富，涵盖音频、图文、对话等；语篇文体以符合初中生语言初始学习阶段的功能对话为主

续表

<table>
<tr><td rowspan="5">语言知识</td><td>语音知识</td><td>熟悉元音字母 A，O 以及单元音中的五个后元音音素（/a:/、/Λ/、/ɔ/、/ɔ:/、/u:/、/u/）发音规则，并能正确朗读这些音素在单词中的发音；
熟悉辅音字母组合 th、ph 发音规则，并能正确朗读这些音素在单词中的发音；
能在听说活动中运用恰当的连读，根据连读规则正确朗读</td></tr>
<tr><td>词汇知识</td><td>掌握词汇的读音、拼写、词性和词义，并能围绕话题在听说读看写活动中学会运用
与家庭成员相关的词汇：family，grandparents，grandfather，grandmother，grandpa，grandma，parents，father，dad，mother，mom，aunt，uncle，son，daughter，brother，sister，cousin；
其他名词：photo，picture，girl，dog；
动词：have；
代词：these，those，they，who；
介词：of；
常用表达法：this is…，that's…，these are…，those are…，who's…？a photo of my family，in my family，have a good day</td></tr>
<tr><td>语法知识</td><td>词法：
指示代词：this，that，these，those
人称代词：he，she，it，they
疑问代词：who
句法：
使用指示单词介绍人物关系：This is/These are.　That is/Those are
使用含有指示代词的一般疑问句和特殊疑问句询问人物关系：
Is this/that…　Are these/those…
Who's he/she…？He/She is
Who are they？　They're…
呈现主题：Here is/are …
祝福：Have a nice day!
表示感谢：Thanks/Thank you，you，too</td></tr>
<tr><td>语篇知识</td><td>说明文的语篇基本结构特点</td></tr>
<tr><td>语用知识</td><td>社会交往—指认人物关系、介绍人物关系；
根据交际具体语境，正确使用指认人物关系、介绍人物关系的句法功能</td></tr>
<tr><td colspan="2">文化知识</td><td>教材单元中涉及的家庭成员以及成员间关系、男女生姓名差异，旨在让学生体会英语国家家庭文化，进而体会中西方家庭文化差异，热爱家庭，积极为家庭作贡献；在学习过程中，通过角色扮演对话以及图片与语言信息匹配获取信息的策略，不断培养自我思维能力和学习能力</td></tr>
<tr><td>语言技能</td><td>理解性</td><td>1．辨认对话中关于家庭成员的主要词汇，并进行圈画；
2．理解对话中的人物关系，并进行人物与姓名的匹配以及人物描述与图片的匹配；
3．理解语篇的标题、插图与主题意义的关系；
4．抓住语篇中的关键细节；
5．把握语篇的信息结构以及语言特征；
6．在听、读、看的过程中有选择地记录所需信息</td></tr>
</table>

续表

语言技能	表达性	1．能通过口头与书面语篇方式，运用话题所学介绍自己的家人，并能将所学功能句型用于介绍除家庭成员以外的其他人； 2．能借助语音语调，突出需要强调的意义； 3．借助家谱图等思维可视化手段，帮助自己梳理信息，并正确表达自我
学习策略		1．借助图片信息帮助完成听力内容的提前推测； 2．根据图片、图画、表格理解与表达主题意义； 3．借助思维可视化手段进行文字内容的概括梳理

（六）单元板块解析

单元板块解析	单元结构	单元安排了 Section A、Section B 和 Self Check 三个板块的教学内容
	板块功能	Section A 基于‘Meeting friend's family’，创设了很多情境。通过 1a-1c 的听力对话，参加 David 的家庭野炊，了解朋友家庭成员，输入与“介绍人物和辨别人物”相关的核心句型和重点词汇；通过 2a-2c 听力对话，到朋友家做客，近看朋友全家福，了解询问朋友的家庭成员，以及通过 2d 功能对话，户外偶遇朋友一家游玩，从远处了解朋友家庭成员，进行两个情境对比，输入指示代词近指原指的区别；在三个功能对话的基础上，Grammar 以表格的方式梳理了指示代词及其单复数形式近指原指表介绍人物和特殊疑问代词 who 表辨认人物的功能。 Section B 在 Section A 的基础上，使用话语套数，进行话题的迁移，按照“听力输入——阅读训练——以读促写”的过程推进。此外，在继续深入学习 Section A、巩固介绍和辨认他人的句法功能基础上，1a-1c 进一步通过家谱图来学习亲戚朋友的相关词汇表达；2b 提供介绍家庭成员的说明文语篇，进一步输入本单元目标语言，帮助学生理解介绍辨认人物的句型在语篇中的运用，进而通过 3a 控制性选词操练，写出介绍自己家庭成员的语篇。 Self Check 用于检测有关“家庭成员”的词汇和介绍辨认人物功能句的使用，以及综合运用本单元所学语言的能力
	板块关联	教材单元以“家庭成员”为主线，Section A 设计了介绍家庭成员的听说输入活动，创设到朋友家做客看到朋友全家福照片和户外偶遇朋友，了解朋友家庭成员的真实语境，输入本单元指示代词和特殊疑问句介绍辨认人物的目标语言结构。Section B 系 Section A 的延伸，继续借助思维可视化手段的家谱图，扩充亲戚朋友相关的词汇，并利用阅读素材的输入，帮助学生再一次梳理介绍人物及人物关系的说明文写作特点和语言特征，做好语言积累，进行语言写作输出

（七）单元教学目标

单元教学目标	学生通过本单元的学习能够： 1．通过音素发音规则的学习以及发音相似音素结对操练，正确朗读以下音素/θ/，/ð/，/ɔ:/，/ɒ/，/a:（r）/，/ʌ/，/u:/，/ʊ/，/f/，并能正确拼读句子中含有以上音素的单词和短语； 2．通过不同语境中的对话操练，正确熟练使用指示代词和 who 引导的特殊疑问句和一般疑问句介绍人物、辨认人物句法结构； 3．通过不同语境中的对话及语法操练，正确使用关于人物关系的名词、代词、指示代词的单复数（主谓一致）、近指远指；

续表

单元教学目标	4．通过仔细观看图片，将图片与人物描述相结合，识别人物特征，分辨人物关系，并能将图片信息与文字信息相互转换； 5．通过读懂家谱图、家庭成员介绍文章，获取家族成员和关系信息； 6．通过阅读文本结构的学习，学会有序有逻辑地进行家庭成员的口头和书面介绍，表达对家庭的热爱

（八）单元学习活动

单元学习活动	单元输入活动数量		单元输出活动数量	
	单元输入活动		对应单元教学目标（编号）	第几课时落实
	1．听 David 向 Lin Hai 介绍家庭成员的对话		1，2，3	1
	2．听 Cindy 向 Li Lan 介绍全家福照片的对话		1，2，3	2
	3．读 Sally 向 Jane 在公园介绍家人的对话		1，2，3	2
	4．分析、总结指示代词和疑问代词介绍、询问他人的语法规则		2，3，4	2，3
	5．听 Jiang Tao 和 Tom 的交谈，选择所听到的单词，选择所谈论的图片		4	4
	6．读 Jenny 介绍家庭成员的文章		4，5	5
	7．补全关于 Paul 的家庭成员介绍，分析总结文本结构		5，6	6
	8．听 Cindy 向 Lin Hai 介绍自己全家福的对话		2，3	7
	9．读 Lin Hai 介绍自己另外两位朋友家庭成员的文章		3，4，5	7
	10．听 Beth 家庭成员的短文		1	8
	11．听音素辨音和总结规则		4	8
	12．读含有/u:/&/u/音素单词的小诗语篇，感悟语音		1	8
	单元输出活动		对应单元教学目标（编号）	第几课时落实
	1．介绍王室 Louis 家庭成员		2，3	1
	2．以小组为单位模拟新生家庭聚会，介绍自己家庭成员		2，3	2
	3．使用指示代词、疑问代词 who 补全对话并与同伴练习		2，3	2，3
	4．将学生自己提前已画好的家庭图转化为家庭关系图，并与同学谈论家庭关系图中的人物		2，3，4	4
	5．读后根据语篇结构谈论自己的两张全家福照片		4，5	2，5
	6．根据阅读以及 Paul 的家庭成员介绍结构，写关于自己家庭成员的介绍文章		5，6	6
	7．根据采访内容，以篇章形式介绍朋友家庭成员		2，3	7
	8．正确进行音素 CVC 组合的拼读练习		1	8

（九）单元作业

	课时	单元教学目标编码	作业内容	作业形式	时间
单元作业	1	2，3	1．听写本课时单词短语 2．向自己的父母介绍 David 和 Louis 的家庭成员 3．写下 David 和 Louis 的家庭成员	书面 口头 书面	15 分
	2	2，3	1．表演对话 2．写出小组活动时的对话	口头 书面	15 分
	3	2，3	1．完成指示代词基本练习	书面个人	15 分
	4	2，3，4	1．根据家谱图向父母介绍自己家庭成员	口头	10 分
	5	4，5，6	1．用阅读归纳的段落句子结构向父母介绍自己的两张全家福照片	口头	10 分
	6	4，5，6	1．修改自己课上作文 2．制作一张家庭成员介绍海报	书面	15 分
	7	4，5，6	1．向 Cindy 介绍你朋友的家庭成员	书面	15 分
	8	1	1．课后学案上的拼读练习	口头 书面	15 分

（十）单元评价

对应课时	评价内容	评价方法	评价时机
1	单词发音、听力模仿、Louis 家庭成员介绍	行为观察、情境检测	教学过程中
2	学生使用指示代词进行的小组对话活动	行为观察、情境检测	教学过程中
3	课后语法检测单	试卷评分	教学过程后
4	家谱图制作和介绍	学生作品呈现、小组打分	教学过程中
5	学生是否能够通过语篇结构的梳理，理解段落式语篇的结构，并知道倒装句的重要结构	学生语篇结构图的呈现	教学过程中
6	语篇结构输出：学生能否借助阅读语篇进行语言输出	课后语篇	课后
7	写作产出	15 分总分作文评分	教学过程中、课后
8	学生能否灵活运用目标句型并利用编对话的方式描述朋友家庭成员	行为观察、情境检测	教学过程中
9	学生能否灵活运用目标句型以及正确的篇章结构完成对朋友家庭成员的写作	课后语篇	课后

（十一）单元资源

	资源名称	使用时机	说明
单元资源	图片	第一课时随堂	Louis 皇家家族图片，名人杨绛等家族图片
	视频	第二、三课时随堂	Baby Shark/Sheldon 家族视频
	照片	第二、第三、四课时随堂	学生、老师全家福
	音频	第一、二、四、八课时随堂	课中
	学案	第七、第八课时随堂	课前、课中、课后练习
	诗歌、绕口令	第八课时随堂	课中、课后练习
	图片	第一课时随堂	Louis 皇家家族图片，名人杨绛等家族图片

（十二）课时划分

	课时	页码	内容	教学
课时划分	1	P7	SectionA 1a-1c 本单元的话题是 the family，功能是 introduce people and identify people。本节课是教材内容的第一课时，即听说课。教材课本主要由三部分构成：1a 的听前准备，1b 的主题图，1c 的听后练习。主题图的情境是 David 向朋友介绍自己家人，从近处远处辨认和认识家人，熟悉并掌握家庭成员的名称。让学生充分感知和熟练使用 This is/That is.../These are.../Those are...目标句型，充分为接下来的课时做好语言准备	听说课
	2	P8	Section A 2a-2d 本单元的主题语境是人与自我，话题是家庭，功能是介绍和辨认人物。本节课是该单元的听说课。在第一课时的基础上，本课时给出了更丰富的语境。2a 和 2b 创设的语境是朋友到家做客，近指墙上全家福照片来介绍家人。2d 是与朋友在公园偶遇，从远处向朋友介绍家人的情景。2a—2b 以听力的形式对本单元重点词汇进行了复习，对单元重点句型做进一步的语言输入，呈现介绍人物和辨认人物的语言结构，即 Are these your parents? Yes，they are. This is my mother，Jenny，and this is my father，Tom. 此外还复习了预备篇单元及第一单元学到的英文名字及问候语。在 2c 的对话练习后，2d 让学生在相应的语境中综合运用本课时核心句型和重点词汇进行初步的模仿输入和语言交流活动，为第三课时的语法规则的梳理做好了充分的语言准备	听说课
	3	P9	Section A 3a-3c 本单元的话题是“人与社会—家庭、朋友、周边的人”，功能是“介绍和辨认家人、朋友和周边的人”。本单元前面两个课时已经采用听说活动开展了话题下相关语言知识的学习。学生已经学会简单运用指示代词和人称代词来介绍和辨认周围的人。本课时将继续承接前面两个课时，采用语法课的形式，通过让学生观察 Grammar focus 呈现的句子，总结指示代词和人称代词用于介绍和辨认他人的语法规则。3a 的补全对话在承接 Grammar 语法规则的总结上，让学生以对话的形式对功能句型进行操练；3b 的看图选词造句，让学生掌握灵活使用指示代词对应下近指远指以及使用单复数对应相应单复数的语法规则；3c 谈论自己的全家福照片，让学生在不同情景下对核心功能句型进行练习和运用。本课时的学习将为学生后面的学习做好语言知识上的充分准备	语法课

续表

	课时	页码	内容	教学
	4	P10	Section B 1a-1d 本单元主要是通过谈论 the family 的话题，学习介绍人物、识别人物。Section B 在 Section A 的基础上，使用话语套数，进行话题的迁移，按照“听力输入——阅读训练——以读促写”的过程推进。此外，在继续深入学习 Section A，巩固介绍和辨认他人的句法功能基础上，1a-1c 进一步通过家谱图来学习亲戚朋友的相关词汇表达。本节课 Section B 的第一节课为听说课。教材课本主要由四部分构成：1a 的听前准备，1b、1c 听力训练，1d 的听后输出练习。1a 为家庭关系图，学生需要结合已学家庭成员知识完善家庭关系图，同时需要掌握新出现的家庭成员单词的发音。1b、1c 学生需要听懂在 1a 中的新单词发音。1d 学生根据所学内容画出自己的家庭关系图并使用家庭成员单词、句型按合理顺序向别人介绍自己的家庭成员。本课时家谱图的学习，可以帮助学生在接下来的语篇阅读和写作上更加简单快速地梳理家庭成员以及关系	听说课
课时划分	5	P11	Section B 2a-2c 本节课是教材内容的第五课时阅读课。教材课本主要由三部分构成：2a 的读前准备，2b 的文本及图片素材，2c 的读后巩固练习。2b 为一篇介绍家庭照信息的短文，学生需要对照家庭照梳理出家庭成员关系并完成读后任务 2c，同时需要概括理清文章的结构层次。学生还需要读懂并关注文章中对不同图片的表达并初步了解简单的倒装句，读后需要学生模仿文章的结构和语言表达，对自己的两张家庭照进行描述。该课时对文本结构的梳理有助于学生下一课时写作课的梳理，同时通过使用思维可视化的方式理解文章结构有助于提高学生的学习能力	阅读课
	6	P12	Section B 3a-3b 本单元的话题是 the family，功能是 introduce people and identify people。这是教材内容的第六课时。本课时为一节以读写为主要任务的课时。教材课本内主要由两部分构成：3a 的输入和 3b 的输出。3a 为一篇介绍家庭成员信息的短文，学生需要利用给出的单词补全短文。同时也需要学生读懂 3a 的文章，然后根据文本信息画出 Paul 的家庭照。3b 需要学生根据给出的结构用书面表达的方式补充对于自己家庭的介绍	写作课
	7	P12	Self Check 本单元的话题是家庭，功能是介绍和指认人物关系。本课时为单元复习课。学生在 Self Check 1 中通过将所学家庭成员名称分类，复习词汇的同时，能在使用目标语介绍和指认人物关系时，用不同人称代词指代不同性别的名词；Self Check 2 创设了一个具体对话语境，要求学生用本单元重要语言结构与功能句型完成对话。在设计本课时活动时，在整合单元教学内容的基础上，结合 Self Check 内容，设计与单元话题相关的听力任务，帮助学生梳理本单元重点词汇以及功能句型，引导学生通过对话介绍主线人物 Cindy 的家庭照片，进而运用功能句型采访并了解同学的家庭成员。然后结合一篇 Lin Hai 对其另外两位美国朋友的家庭照片的说明文，帮助学生通过阅读，分析文章结构以及相关的句型，为最后向 Cindy 介绍自己和朋友的家庭成员，完成一篇短文作准备	单元复习课

续表

<table>
<tr><td></td><td>课时</td><td>页码</td><td>内容</td><td>教学</td></tr>
<tr><td>课时划分</td><td>8</td><td>语音附录P80</td><td>本单元前面七个课时已经围绕话题“人与社会一家庭、朋友、周边的人”，通过听、说、读、看、写语言等技能开展了相关话题下相关语言知识的学习。本课时是该单元的最后一个课时，该课时围绕该单元话题下所授词汇、词法、句法、语篇等所涉及的语音，展开系统学习。本课主要涉及的语音内容如下：
<table>
<tr><td>Letter</td><td colspan="2">th</td><td>o, u, ou</td><td>ar</td><td colspan="2">oo</td></tr>
<tr><td>Sound</td><td>/θ/</td><td>/ð/</td><td>/ʌ/</td><td>/a: (r)/</td><td>/u/</td><td>/u:/</td></tr>
<tr><td>Word</td><td>mouth
fourth
thumb
think</td><td>this
the
they
mother
grandmother
father
grandfather
brother</td><td>mother
son
brother
husband
uncle
cousin</td><td>car
art
card
cart
farm
party</td><td>good
look
cook
foot</td><td>school
moon
pool
tool
afternoon
tooth</td></tr>
</table>
通过语音内容的学习和巩固，希望能再次回应单元主题内容，提高学生对亲情和友情的重视</td><td>语音课</td></tr>
</table>

二、课时教学设计

第一课时 Section A 1a–1c（Listening and Speaking）

成都高新实验中学 代惠平

（一）文本解读

What	本单元的话题是 the family，功能是 introduce people and identify people。本节课是教材内容的第一课时听说课。教材课本主要由三部分构成：1a 的听前准备，1b 的主题图，1c 的听后练习
Why	主题图的情境是 David 向朋友介绍自己家人，从近处远处辨认和认识家人，熟悉并掌握家庭成员的名称
How	让学生充分感知和熟练使用 This is/That is.../These are.../Those are...目标句型，为接下来的课时做好充分的语言准备

（二）教材教学活动解析

活动要求	活动分析	实施操作
Listening 1b. Listen and circle the words you hear in 1a.	介绍了新单词，让学生结合主题图和自己的常识加深对词汇的理解	以 David 为主人公，以他的视角熟悉家庭成员的词汇 使用新单词介绍家庭成员，加强单复数及代词的训练，为后面谈论自己的家庭成员作铺垫

（三）课时教学目标及重难点

Teaching Objectives	By the end of the class，students will be able to： 1．review /ə/，/æ/，/ɑː/ and pronounce /ʌ/，/ð/correctly； 2．read new words，phrases and sentences with those sounds correctly； 3．develop listening skill of catching the key words； 4．introduce family members to others by using This is.../That is.../These are.../Those are....
Teaching Focus	Encouraging students to introduce family members to others by using This is... /That is.../These are.../Those are... Solution：Students will be given different situations to learn how to introduce family members with target sentence patterns.
Potential difficulty in learning	1．Students may have difficulties in the phonetic combination and the pronunciation of plurals. Solution：Students will be given a series of tasks to practice pronunciation. 2．Students may have difficulties in how to apply what have learned to daily life. Solution：Students will be given different situations in three kinds of activities to introduce family members.

（四）课堂教学

学教步骤	学教活动	活动意图
Stage 1	Getting students ready for learning 1．Greet each other.	To review what students have learned in Unit 1. To notice the pronunciation of what's and he's.
Stage 2	Leading-in 1．Observe the picture and answer the questions.	To lead students observe the picture carefully and predict the listening material.
Stage 3	Pre-listening 1．Talk about David's family with the singular of the words. 2．Talk about David's family with the plural of the words. 3．Chant. 4．Match the words with the people in the picture. 5．Check the answers in chain work.	3.1 To show students the new words of this unit，the names of family members and introduce the new sentence pattern：This is... /That is... 3.4 To lead students to review the new words of family members. 3.5 To lead students to consolidate the new words in sentence and teach Ss the phonetic combination.
Stage 4	While-listening 1．Listen to the conversation in 1b and circle the words in 1a. 2．Listen to the tape for the second time and check the answers. 3．Check the answer in correct pronunciation，especially pay attention to the plurals. 4．Imitate the pronunciation.	4.1 To train students listening strategies of catching the key words. 4.3 To consolidate the phonetic combination and the pronunciation of plurals. 4.4 To practice the pronunciation.

续表

学教步骤	学教活动	活动意图
Stage 5	Post-listening 1．Role-play the conversation in 1a. Then talk about the other people in the picture. 2．Please introduce Louis' family!	5．1 To lead students to practice the sentences in the authentic situation. 5．2 To train students' ability of target language application. To know some information of the royal family of the UK.
Stage 6	Summing up &self-assessing 1．Summarize what have learned in this lesson. 2．Do the self-assessing.	To train students' summary and self-assessment ability.
Stage 7	Assigning 1．Dictate the words，phrases. 2．Introduce David's family to your parents. 3．Write down the introduction of David's family.	To lead students to practice the target language they learned in class.

（五）板书设计

Unit 2 This is my sister A 1a-1c
The New Words
mother/father/parents
grandmother/grandfather/grandparents
brothers/sister/friend
The New Sentences
-This/That is his sister.
-These/Those are his parents.
-Who's she ?
-She's my sister.

第二课时 Section A 2a-2d（Listening and Speaking）

成都高新新华学校　廖恒

（一）文本解读

What	本节课是该单元的听说课。在第一课时的基础上，本课时给出了更丰富的语境。2a 和 2b 创设的语境是朋友到家做客，近指墙上全家福照片来介绍家人。2d 是与朋友在公园偶遇，从远处向朋友介绍家人的情景
Why	学生对本课时涉及的词汇和话题知识，在第一课时的基础上有了一定的了解和积累，因此学生对简单的辨认人物和介绍他人的词汇和句型，不会存在太大学习障碍。教师可以重点提示学生区分近指和远指的代词及其单复数形式（this，that，these，those）
How	2a-2b 以听力的形式对本单元重点词汇进行了复习，对单元重点句型做进一步的语言输入，呈现介绍人物和辨认人物的语言结构，即 Are these your parents？Yes，they are. This is my mother，Jenny，and this is my father，Tom。此外还复习了预备篇单元及第一单元学到的英文名字及问候语。在 2c 的对话练习后，2d 让学生在相应的语境中综合运用本课时核心句型和重点词汇进行初步的模仿输入和语言交流活动，为第三课时的语法规则的梳理做好了充分的语言准备

（二）教材教学活动解析

活动要求	活动分析	实施操作
1．Listening 2a. Listen and circle the words you hear in 2a. 2. Listening again. Match the names with the people in the picture. 3．Ask and answer questions about the photo in 2b.	1）介绍了新单词，让学生结合主题图和自己的常识加深对词汇的理解。2）根据听力材料，感知新句型，并能运用新句型进行问答。3）在 2d 的表演对话中培养语境感知能力	1．Ask and answer questions about the photo in 2b. 2．Role play the conversation in 2d.

（三）课时教学目标及重难点

Teaching Objectives	By the end of the class，students will be able to: 1．introduce people correctly by using This/That is...He/She is...These/Those are.../They are.... 2．identify people correctly by using Who is he /she？Is he/she...？Are these/those/they...？ 3．develop listening skills of catching key words from matching the pictures with information. 4．introduce family members to friends properly and actively.
Teaching Focus	Encouraging students to introduce and identify people correctly by using the target language and sentences. Solution：Students will be given real situation in group work to introduce family members.
Potential difficulty in learning	1．Students may have difficulties in confusing the different usages of brother，sister，grandma and grandpa in English and Chinese. Solution：Students will be given some interesting knowledge about western language culture. 2．Students may have difficulties in adding-s/es at the end of plural nouns and changing the predicate verb when the subject changes. Solution：Students will be given a series of tasks to practice adding-s/es at the end of plural nouns and changing the predicate verb when the subject changes.

（四）课堂教学

学教步骤	学教活动	活动意图
Stage1	Stage 1 Getting students ready for learning 1. Listen to a song“baby shark”about family members and think about two questions.	To activate students background knowledge by reviewing what they have learned.
Stage2	Stage 2 Pre-listening 1．Observe the theme picture and predict.	To prepare students for the listening and help them know the setting of the conversation.

续表

学教步骤	学教活动	活动意图
Stage 3	Stage 3 while-listening 1. Listen to the conversation in 2a and circle the words. 2. Check the answers in predicting the theme picture after listening the conversation. 3. Listen to the conversation in 2b again and match the names with people. 4. Check the answers in 2b in pairs. 5. Listen to 2b for the third time and fill in the blanks. 6. Read the transcript of the conversation after the recorder and draw the signs of intonation.	3.1 To train students to use listening strategy of catching the key words while listening. 3.2 To train students the ability of prediction. 3.3 To guide students to review the English names and get the detailed information. 3.4 To help students to know the target language of identifying people. 3.5 To train students to use listening strategy of catching the key words and taking notes while listening. 3.6 To help students to know the intonation of the language for identifying people.
Stage 4	Stage 4 Post-listening 1. Pair work Make a conversation in 2c. 2. Observe the picture in 2d and predict the following questions. 3. Read the conversation in 2d and answer the following questions. 4. Read the conversation in 2d after the recorder and draw the signs of intonation. Then role-play. 5. Group work: Make a conversation with the information given and feedback on peers' conversations.	4.1 To provide a situation in which students can apply what they have learned and practice adding-s/es at the end of plural nouns and changing the predicate verb when the subject changes. 4.2 To train students' the ability of prediction. 4.3 To train students' the abilities of finding detailed information and sort the information. 4.4 To help students to know the importance of the intonation of the language. 4.5 To provide a situation in which students can apply what they have learned.

续表

学教步骤	学教活动	活动意图
Stage 5	Stage 5 Summing up &self-assessing 1．Observe the picture and find the differences and similarities between two pictures. 2．Do the self-assessing.	To train students' summarize and self-assessment ability.
Stage 6	Stage 6 Assigning 1．Dictate the words，phrases. 2．Introduce Cindy's and Sally's family to your parents. 3．Polish the group-work conversation and write down the transcript.	To lead students to practice the target language they learned in class.

（五）板书设计

Unit 2 This is my sister A 2a-2d

A：Who's she/he？

B：She/ He is ....

A：Is he/she ...？

B：Yes，he/ she is. /No，he/she isn't. He/she is ...

A；Are they/those/these your parents？

B：Yes，they are. /No，they aren't. They're...

girls' name：Jenny Linda Mary

they

well

Have a good day!

I see.

You，too.

boys' name：Bob Jack Tom

第三课时 Section A Grammar Focus-3a

成都高新新华学校 谢多都

（一）文本解读

What	本单元的话题是“人与社会-家庭、朋友、周边的人”，功能是“介绍和辨认家人、朋友和周边的人”。本单元前面两个课时已经采用听说活动，并开展了话题下相关语言知识的学习。学生已经学会简单运用指示代词和人称代词来介绍和辨认周围的人。本课时将继续承接前面两个课时，采用语法课的形式，通过让学生观察 Grammar focus 呈现的句子，总结指示代词和人称代词用于介绍和辨认他人的语法规则。3a 的补全对话在承接 Grammar 语法规则的总结上，让学生以对话的形式对功能句型进行操练；3b 的看图选词造句，让学生学会灵活使用指示代词对应下近指远指以及单复数对应相应单复数的语法规则；3c 谈论自己的全家福，让学生在不同情景下对核心功能句型进行练习和运用
Why	本课时的学习将为学生后面的学习做好语言知识上的充分准备
How	通过让学生观察 Grammar focus 呈现的句子，总结指示代词和人称代词用于介绍和辨认他人的语法规则

（二）教材教学活动解析

活动要求	活动分析	实施操作
通过让学生观察 Grammar focus 呈现的句子，总结指示代词和人称代词用于介绍和辨认他人的语法规则	3a 的补全对话在承接 Grammar 语法规则的总结上，让学生以对话的形式对功能句型进行操练；3b 的看图选词造句，让学生学会灵活使用指示代词对应下近指远指以及单复数对应相应单复数的语法规则；3c 谈论自己的全家福，让学生在不同情景下对核心功能句型进行练习和运用	要求学生能观察、总结并运用指示代词和人称代词介绍和辨认他人的语法规则

（三）课时教学目标及重难点

Teaching Objectives	By the end of the class, students will be able to: 1. use demonstrative pronouns and personal pronouns to introduce and identify people correctly. 2. use singular and plural forms of pronouns and other words in different situations correctly. 3. read and use the abbreviations—that's/who're/who's /they're correctly. 4. use family photos to introduce their family members politely. 5. realize the importance of family members and try to love their family more.
Teaching Focus	Encouraging students to use demonstrative pronouns and personal pronouns to introduce and identify people correctly. Solution: Students will be given chances to practice using demonstrative pronouns and personal pronouns in different situations.
Potential difficulty in learning	Students may have difficulty in using singular and plural forms of pronouns in different situations. Solution: Students will be given a series of tasks to practice using singular and plural forms of pronouns.

（四）课堂教学

学教步骤	学教活动	活动意图
Activity 1	Getting students ready for learning 1. Greetings. 2. Enjoy a video about Young Sheldon and guess who is young Sheldon.	To get students ready for learning.
Activity 2	Presentation Presentation 1. Lead-in Sheldon invites Jane to his home and introduces his family members to her. Guess how Sheldon introduces his family members. 2. Pair work Discuss about how to introduce people with the	2.1 To lead in the topic and arouse students' interests. 2.2 To prepare the language knowledge for the following parts. 2.3 To sum up the use of demonstrative pronouns and personal pronouns.

续表

<table>
<tr><th>学教步骤</th><th>学教活动</th><th>活动意图</th></tr>
<tr><td>Activity 2</td><td>partner. Then use the correct form of the words to complete the sentences.
3．Pair work
Guess what questions Jane will ask to identify Sheldon’s family members. Then ask more questions about the people in the picture.
4．Group work
Present the sentences in grammar focus. Observe and sum up the grammar rules.</td><td>2.4 To clear away the grammatical barriers for the following activities.</td></tr>
<tr><td>Activity 3</td><td>Practice
1．Pair work
Finish 3a by completing the conversation according to a family photo. Then practice the conversation with correct pronunciation and intonation.
2．Pair work
Finish 3b by making sentences with the words in the three boxes. Then use the sentences to do a role-play.</td><td>3.1 To practice the use of demonstrative pronouns，personal pronouns and abbreviations in a real situation.
3.2 To develop the students’ ability to identify people in a picture.</td></tr>
<tr><td>Activity 4</td><td>Production
1．Ask and answer questions about family photos in groups.
2．Introduce family photos to other students.
3．Observe different kinds of family photos and discuss some questions in groups.</td><td>4.1 To consolidate the use of demonstrative pronouns and personal pronouns to introduce family members politely.
4.2 To let the students realize the importance of family members and try to love their families more.</td></tr>
<tr><td>Activity 5</td><td>Summing up
Sum up the language knowledge in this lesson and share the feelings.</td><td>To sum up and review the language knowledge.</td></tr>
<tr><td>Activity 6</td><td>Self-assessing
<table>
<tr><th colspan="6">Self Evaluation</th></tr>
<tr><td></td><td></td><td>Excellent</td><td>Good</td><td>OK</td><td>Try</td></tr>
<tr><td rowspan="5">I have learned in this class.</td><td>Use demonstrative pronouns and personal pronouns to introduce and identify people correctly.</td><td></td><td></td><td></td><td></td></tr>
<tr><td>Use singular and plural forms of pronouns in different situations.</td><td></td><td></td><td></td><td></td></tr>
<tr><td>Use family photos to introduce family members politely.</td><td></td><td></td><td></td><td></td></tr>
<tr><td>Read and use the abbreviations—that’ s/who’ re/who’ s /they’ re correctly.</td><td></td><td></td><td></td><td></td></tr>
<tr><td>Realize the importance of family members and try to love family more.</td><td></td><td></td><td></td><td></td></tr>
<tr><td>Needs to be improved</td><td></td><td></td><td></td><td></td><td></td></tr>
</table>
</td><td>To help the students to assess their study.</td></tr>
</table>

续表

学教步骤	学教活动	活动意图
Activity 7	Assigning homework 1．Use your friend's photos to introduce your friends to your family members. 2. Write down the conversations you practiced with your partner in 3c. 3．Use a family photo to draw a family tree.	7.1 To consolidate the use of demonstrative pronouns and personal pronouns to introduce people. 7.2 To prepare knowledge for the following lesson.

（五）板书设计

Unit2 This is my sister.

Section A （Grammar Focus-3c）

1．Introduce and identify people.

⇨

This/ That is...　→Is this/ That...?
（close）　（far）

These/Those are... →Are these/those...?
（close）　（far）

Who's/Who're...?

2．Read and write the abbreviations.

⇨

that's=that is　　who're=who are
who's=who is　　they're=they are

3．Show the family photos.

⇨

We should love our family more.
...

第四课时 Section B 1a-1c

成都高新实验中学 李群珍

（一）文本解读

What	本单元主要是通过谈论 the family 的话题，学习介绍人物、识别人物。英语课程改革强调从学生兴趣、生活经验和认知水平出发，倡导体验、实践、参与、合作与交流的学习方式。本节课是教材内容的第四课时，即听说课。教材课本主要由四部分构成：1a 的听前准备，1b、1c 听力训练，1d 的听后输出练习。1a 为家庭关系图，学生需要结合已学的家庭成员知识完善家庭关系图，同时需要掌握新出现的家庭成员单词的发音。1b、1c 学生需要听懂在 1a 中的新单词发音。1d 学生根据所学内容画出自己的家庭关系图并使用家庭成员单词、句型按合理顺序向别人介绍自己的家庭成员。本课时家谱图的学习，可以帮助学生在接下来的语篇阅读和写作上更加简单快速地梳理家庭成员以及关系

续表

Why	本节课的话题为 my family tree，主要围绕家庭关系图谈论家庭成员信息。此话题贴近学生的生活，符合学生的认知。在 Section A 的学习中，学生已经掌握了介绍家庭成员的部分英语单词和句型。这节课结束以后，学生需要画 family tree 来了解家庭成员，学会用英语介绍、识别不同的家庭成员。增进家庭和睦、促进学生之间的了解。但学生很少关注中英文家庭成员称谓的不同，这给学生在画出自己的家庭关系图的时候造成困难，这也是本节课要注意突破的重点
How	听力语篇以对话形式出现，深入了解 family tree

（二）教材教学活动解析

活动要求	活动分析	实施操作
Listening 看懂 family tree，了解家庭主要成员的构成	鼓励学生了解家庭主要成员的构成，并画出家谱	要求学生掌握 family tree，并画出家谱

（三）课时教学目标及重难点

Teaching Objectives	By the end of the class，students will be able to： 1．read the 9 new words correctly：son/ daughter/ cousin/ grandpa/ grandma/ mom/ dad/ aunt/ uncle； 2．understand and draw their own family tree； 3．catch the key words with the help of the listening strategies； 4. understand the differences of the appellation（名称、称谓）of family members between Chinese and English； 5．use the new word and sentence patterns to introduce my family members in a proper way.
Teaching Focus	Encouraging students to understand and draw their own family tree. Solution：Students will guide to observe the picture and learn the listening material about introducing family members and then making a conclusion.
Potential difficulty in learning	Students may have difficulties in the differences of the appellation（名称、称谓）of family members between Chinese and English，which makes it more difficult to draw a family tree. Solution：Students will be given a picture to show the differences.

（四）课堂教学

学教步骤	学教活动	活动意图
Stage1Getting students ready for learning.	1．Greetings. 2．Observe the picture of Sheldon's family photo and review what they have learned in the second lesson.	1.1 To get students ready for the learning. 1.2 To review Sheldon's family by describing her family photo and using the sentence patterns to identify and introduce family members.
Stage2 Lead-in	1．Introduce the family members in a proper way by using the family tree.	2.1 To help students know a family tree using the words they have learned.

续表

学教步骤	学教活动	活动意图
Stage 3 Pre-listening	1．Learn the new words about family members: son/daughter，/cousin/ grandpa/ grandma/mom/dad/aunt/uncle. 2．Add the words in the box to the family tree. 3．Compare the differences between Chinese and English.	3.1 To help students learn the new words. 3.2 To consolidate the pronunciation and writing of the new words according to their phonetic symbols. 3.3 To help students get the differences between Chinese and English.
Stage 4 While-listening	1．Listen to the conversation in 1b for the first time and check the words they hear. 2．Observe the pictures and make a prediction before listening. 3．Listen and choose which picture Jiang Tao and Tom are talking about. 4．Listen again and write down the words.	4.1 To train students listening strategies of catching the key words. 4.4 To help students to write down the new words.
Stage 5 Post-listening	1. Do the pair work by using the sentence patterns in the listening script. 2. Draw your family tree and introduce them to your partner.	5.1 To help students consolidate the words and the sentence patterns by practicing the conversation. 5.2 To train students the ability of target language application.
Stage 6 Summing up &self-assessing	1．Summarize what we have learned in this lesson. 2．Lead Ss do the self-assessing.	To help summarize and self-assess.
Stage 7 Assigning homework	Collect more information about Ba Jin's other family members and draw Ba Jin's family tree. Then introduce his family members to your parents with the help of the family tree. 	To lead students practice the target language they learned in class.

（五）板书设计

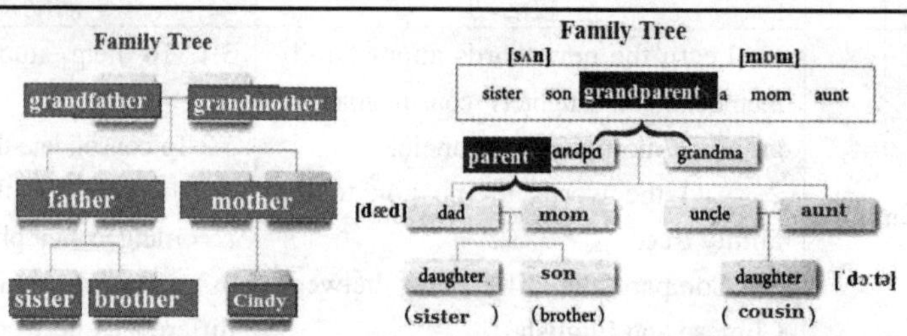

第五课时 Section B 2a-2c（Reading）

成都高新实验中学 周荣

（一）文本解读

What	本节课是阅读课，话题为 family photo。教材课本主要由三部分构成：2a 的读前准备，2b 的文本及图片素材，2c 的读后巩固练习。2b 为一篇介绍家庭照信息的短文
Why	学生需要对照家庭照梳理出家庭成员关系并完成读后任务 2c，同时需要概括理清文章的结构层次。学生还需要读懂并关注文章中对不同图片的表达并初步了解简单的倒装句，读后需要学生模仿文章的结构和语言表达，对自己的两张家庭照进行描述
How	阅读语篇主要围绕家庭照谈论家庭成员信息，多为段落阅读，本篇文章的结构感更强、层次感更强，对文本结构的梳理有助于学生下一课时写作课的梳理，同时通过使用思维可视化的方式理解文章结构，有助于提高学生的学习能力

（二）教材教学活动解析

活动要求	活动分析	实施操作
2a. Find the male and female first names in this unit and write them.	复习常见的英文名字，并区分男名和女名，为后面的语篇阅读作准备。 活动属于感知、注意	修改：课前让学生查字典，了解更多的英文名字。 说明：熟悉英文字典的使用，了解更多的英语名字
2b.Read about Jenny's family and circle the names.	读标题和图片预测文章内容，默读课文，圈出文章中的名字，验证预测。 活动属于注意、思维	修改：梳理出文中家庭成员的关系，完成家庭树。 说明：帮助学生理解介绍人物关系
2c. Read the passage again and complete the sentences.	扫读细节信息，推理人物关系，转换文章人称，完成信息处理活动。 活动属于注意、思维	修改：引导学生分析文章结构。 说明：帮助学生理解介绍人物的句型在语篇中如何运用，训练学生转换信息的能力

（三）课时教学目标及重难点

Teaching Objectives	By the end of the class，students will be able to: 1．know Jenny's family members and the different relationship among them; 2．learn to paraphrase（释义） sentences with different structures like inversion（倒装）; 3．use the structures of paragraphs in reading to introduce family members; 4．respect the old by introducing them first and politely.

续表

Teaching Focus	Introducing family members with the structures of paragraphs. Solution：students will be provided with the structure analysis of the reading passage with the visualization means of thinking.
Potential difficulty in learning	Students may have difficulty in using different ways to describe different pictures and learn to use inversion. Solution：students will be given many practices based the sentences in the passage.

（四）课堂教学

学教步骤	学教活动	活动意图
Activity 1	Revision Talk about the Family Tree with the given structure.	To activate students' background knowledge by reviewing what they have learned.
Activity 2	Pre-reading 1. Find out the male and female first name in this unit quickly and put them into different kinds according to gender. 2. Look carefully at Jenny's two family photos and answer the questions.	1. To develop students' reading speed and get them prepared for the reading tasks. 2. To activate students'pre-reading background information，and then help them to learn the new phrase-in the first picture，in the next photo.
Activity 3	While Reading 1. Read the passage quickly for the first time by using the scanning strategy and circle the names of Jenny's family member. 2. Read the passage again and find out the relationship of Jenny's family members with the names found. 3. Read the passage and finish the reading task. 4. Read again and learn the structure（结构）of the passage. 5. Learn the structure of inversion.	1. To practice students' reading strategy of scanning and help them know the first letter of a person's name is capitalized. 2. To develop students' ability of information changing. 3. To train students' ability of use of reading text information flexibly. 4. To cultivate students' ability of holistic language, then help them to introduce family members with logic order.
Activity 4	Post Reading 1. Retell the reading in groups based on the structure and consolidate the sentence structures. 2. Think about who Coco is and why he is in Jenny' s family. 3. Talk about 2 photos of your family with the structure learned.	1. To help students consolidate the learned structure. 2. To cultivate students cultural awareness. 3. To help students transfer the language use.
Activity 5	Summing up &self-assessing	Help students check objectives.
Activity 6	Assigning homework Introduce two family photos to your parents with the learned structures.	Talk about 2 photos of your family.

（五）板书设计（截屏放入表格内）

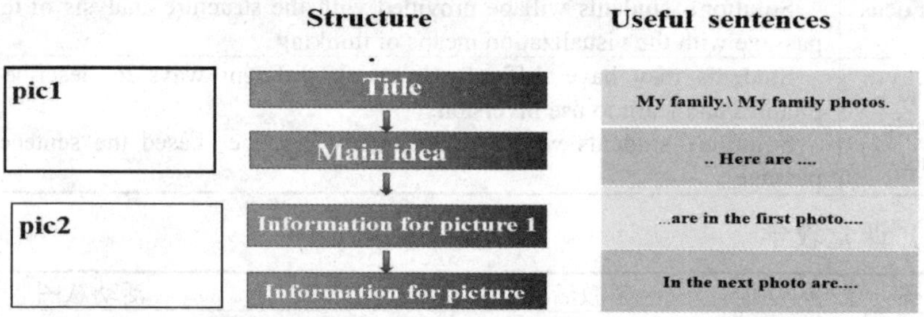

第六课时 Section B 3a–3b（Reading and Writing）

（一）文本解读

What	本单元的话题是 the family，功能是 introduce people and identify people，这是教材内容的第六课时。本课时为一节以读写为主要任务的课时。教材课本内主要由两部分构成：3a 的输入和 3b 的输出
Why	3a 为一篇介绍家庭成员信息的短文，学生需要利用给出的单词补全短文。同时也需要学生读懂 3a 的文章，然后根据文本信息画出 Paul 的家庭照。3b 需要学生根据给出的结构用书面表达的方式将自己家庭的介绍补充完整
How	本课时为本单元的第六课时，在前面的课时中，学生通过听说读看的练习，已经掌握了家庭成员信息的英语表达；掌握了介绍、询问、确认家庭成员信息的句型。这节课结束以后，学生能够用书面形式的方式介绍自己的家庭成员。学生刚刚进入初一，这是学生们第二次接触到写作，因此除了内容以外，还要特别注意对学生们形式的规范。在过程中提醒学生大小写、标点符号等的运用和规范

（二）教材教学活动解析

活动要求	活动分析	实施操作
3a complete the passage with the words in the box.Then draw a picture of Paul’s family.	3a 为一篇介绍家庭成员信息的短文	学生需要利用给出的单词补全短文，同时也需要学生读懂 3a 的文章，然后根据文本信息画出 Paul 的家庭照
3b Bring a family photo to class and write about it . Then tell a classmate about your family.	3b 需要将关于自己家庭的介绍补充完整	学生根据给出的结构用书面表达的方式写一段介绍自己的家庭照片的文章

（三）课时教学目标及重难点

Teaching Objectives	By the end of the class，students will be able to: 1．complete the introduction of Paul’s family，and draw Paul’s family photo correctly. 2．conclude the outline of the family introduction by analyzing and comparing Paul’s and Jenny’s family introduction. 3．write the introduction of students’ own family and make it into the poster. 4．express their love for their family bravely.

续表

Teaching Focus	Encouraging students to write the introduction of students' own family. Solution：Students will be given the outline，some sentence patterns and some oral practice to finish this task gradually.
Potential difficulty in learning	Students may have some difficulties in finding the outline of the family introduction. Solution：Students will be given some questions to find the outline.

（四）课堂教学

学教步骤	学教活动	活动意图
Activity 1	Getting students ready for learning.	To get students ready for the learning.
Activity 2	Revision Observe the picture of Jenny's family photos and review what they have learned in the fifth lesson.	To lead students review Jenny's family by describing Jenny's family photos.
Activity 3	Pre-writing 1. Know the whole task of this lesson through T's introduction. 2. Complete the passage with the words in the box. 3. Draw the picture of Paul's family. 4. Exchange the book and check the family photo students partner draw. 5. Introduce Paul's family by using the family photo they drew. 6. Find out the outline of the introduction of the family photo. 7. Talk about their family photo based on the outline students conclude.	1．To let students know the real task of this lesson. 2．To train students' reading strategy：find the key words. 5．To lead students transfer what they read orally. 6．To conclude the outline of the passage. 7．To let students introduce their family orally.
Activity 4	While-writing Write the introduction of students' family photo（or two photos of students' family）in the book.	To write the introduction of their family.
Activity 5	Post-writing 1．Do the self-check. 2．Check their partners' work. 3．Show students' writing.	To help check students' writing.
Activity 6	Summing up & self-assessing 1．Summarize what they have learned in this lesson. 2．Do the self-assessing.	To help students summarize what they have learned.
Activity 7	Assigning homework 1．Correct your writing. 2．Make the poster of family introduction with the pictures/photos and the writing.	To finish the task proposed at the beginning of the lesson.

（五）板书设计

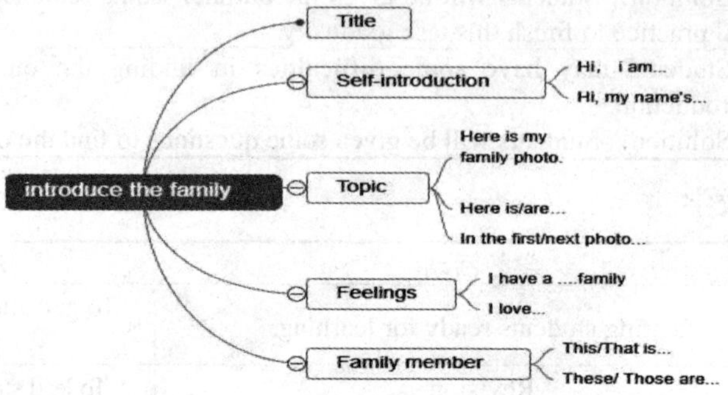

第七课时 Section B Self Check

（一）文本解读

What	本单元的话题是家庭，功能是介绍和指认人物关系。本课时为单元复习课。学生在通过 Self Check1 中将所学家庭成员名称分类，复习词汇的同时，能在使用目标语介绍和指认人物关系时，用不同人称代词指代不同性别的名词；Self Check 2 创设了一个具体对话语境，要求学生用本单元重要语言结构与功能句型完成对话
Why	通过前面六个课时的学习，学生基本能用人称代词、指示代词、用 who 引导的特殊疑问句和一般疑问句介绍和指认人物关系，能用目标语言口头介绍自己的家人。这给本课的复习和拔高奠定了基础
How	在设计本课时活动时，在整合单元教学内容的基础上，结合 Self Check 内容，设计与单元话题相关的听力任务，帮助学生梳理本单元重点词汇以及功能句型，引导学生通过对话介绍主线人物 Cindy 的家庭照片，进而运用功能句型采访并了解同学的家庭成员。然后结合一篇 Lin Hai 对另外两位美国朋友的家庭照片的说明文，帮助学生通过阅读，分析文章结构以及相关的句型，为最后向 Cindy 介绍自己和朋友的家庭成员，并完成一篇短文作准备

（二）教材教学活动解析

活动要求	活动分析	实施操作
Divide the family members into three parts.	3a 为本单元所学家庭成员分类	根据课时特征，学生根据听力内容完成此项任务
3b Fill in the blanks and complete the conversation.	3b 需要将介绍家庭成员的对话补充完整	学生本课时的听说读，学生能够编造相关对话，并轻松完成此项任务

（三）课时教学目标及重难点

Teaching Objectives	By the end of the class，students will be able to ... 1．identify family members quickly through listening; 2．identify and introduce people with some pronouns and yes-or-no questions and WHO-questions correctly; 3．read for the specific information and know the structure of how to introduce other people's family members.

续表

Teaching Objectives	4. write an article to introduce other people's family members. 5. realize the importance of family and love their family more.
Teaching Focus	Students can identify and introduce people with some pronouns and yes-or-no questions and WHO-questions correctly; Solution: To achieve the teaching focus, teacher will guide the students to review the words, phrases and sentence patterns through some listening tasks. And the teacher will be ready to offer help while students are making conversations in class if necessary.
Potential difficulty in learning	Students may have difficulty in raising questions to interview their classmates. Solution: To overcome the potential difficulty, students will get some listening, speaking practice on the target language.

（四）课堂教学

学教步骤	学教活动	活动意图
Activity 1	Getting students ready for learning.	To get students ready for the learning.
Activity 2	Revision Listen to the teacher and get to know the setting of the conversation.	To prepare students for the listening and help them know the setting of the conversation.
Activity 3	Listening 1. Listen and answer two questions. And then group the family members by their gender. 2. Listen to the conversation and complete the family tree. 3. Ask and answer according to Cindy's family tree. 4. Listen to the conversation and fill in the blanks and then summarize the sentence patterns of how to introduce and identify family members.	2.1 To guide students to identify family relationship. 2.4 To help students summarize the sentence patterns through listening.
Activity 4	Speaking Pair work Make conversations to talk about Cindy's family photo in pairs with the given picture and expressions. Interview classmates and talk about their family photos.	To provide a situation in which students can apply what they have learnt.
Activity 5	Reading 1. Read and match the photos with the paragraphs. 2. Read and answer questions. 3. Analyze the structure of the article. 4. Think and share ideas.	4.1 To train students' subskill for reading—reading for specific information. 4.3 To help analyze.
Activity 6	Post reading Choose one family photo to introduce in groups.	To provide an oral practice before writing.
Activity 6	Summing up &self-assessing 1. Summarize what they have learned in this lesson. 2. Do the self-assessing.	To help students summarize what they have learned.

续表

学教步骤	学教活动	活动意图
Activity 7	Assigning homework Design at least four questions and interview three or more classmates/teachers about their family members. Then choose two of them to introduce and compare.	To get students to use what they've learnt in this unit.

（五）板书设计

Introduce topic

Look at this picture. This is …
Here is …

introduce family members

This/that is …/ these/ those are…
she/he is… they are…
He/she is …. He/She has （color） hair/eyes/face.
He/She is … years old.
… is in … family, too. …

feelings

She/He has a …family./ He/She loves his/her family….

第八课时 语音

成都高新实验中学 彭君

（一）文本解读

What	本单元前面七个课时已经围绕话题"人与社会-家庭、朋友、周边的人"，通过听、说、读、看、写语言技能展开了相关话题的相关语言知识的学习。本课时是该单元的最后一个课时，该课时围绕该单元话题下所授词汇、词法、句法、语篇等所涉及语音，展开系统学习。本课主要涉及语音内容如下：						
	Letter	th		o，u，ou	ar	oo	
	Sound	/θ/	/ð/	/ʌ/	/a:（r）/	/u/	/u:/
	Word	mouth fourth thumb think	this the they mother grandmother father grandfather brother	mother son brother husband uncle cousin	car art card cart farm party	good look cook foot	school moon pool tool afternoon tooth
Why	借助系统的语音学习课，培养学生语音系统知识以及语音意识						
How	听力语篇以对话形式出现，以一问一答的形式呈现了师生关系以及如何表达偏爱。通过音频辨音、分类、图片描述、顺口溜、诗歌等多种方式训练学生的语音规则以及正确的语音发音						

（二）教材教学活动解析

活动要求	活动分析	实施操作
Listening 辨人物关系，辨语音	利用学生第二单元中熟悉的话题和语篇，通过音频听的方式，辨别相似语音/θ/，/ð/，/ʌ /&/a:（r）/，/u:/&/u/ 活动属于感知注意	无
Talk about pictures.	利用语篇中的主人公的父母亲对他所做所爱，引导学生学以致用。 活动属于巩固练习	无
Poem reading	通过将语音放入朗朗上口的小诗歌中，帮助学生将语音拼读知识放入语篇中，建构语篇意识。 活动属于迁移创新	无
CVC practice	利用辅音和元音的组合，帮助学生建构系统的语音规则和语音知识。 活动属于迁移创新	无

（三）课时教学目标及重难点

Teaching Objectives	By the end of the class，students will be able to: 1. pronounce/θ/，/ð/，/a:（r）/，/ʌ/，/u：/，/u/，/ɔ:/，/ɒ/correctly by using minimal pair practice; 2. read the words，phrases in sentences and passage with those sounds correctly by pronouncing the sounds correctly; 3. identify the sounds of the letters and letter combination in different words quickly; 4. sense the importance of family and friends by viewing the pictures and reading the poem.
Teaching Focus	Identifying and pronouncing the sounds /θ/，/ð/，/a:（r）/，/ʌ/，/u:/，/u/，/ɔ:/，/ɒ/correctly. Solution：students will be provided with many teaching resources like pictures，listening materials and interesting reading materials in different activities.
Potential difficulty in learning	Students may have difficulty in identifying the sounds of the letters and letter combination in different words quickly，and writing down words by reading and listening phonetic symbols. Solution：Students will be provided with pairs of practice in comparison and chances of perception of phonetic symbols will be given to them in different activities.

（四）课堂教学

学教步骤	学教活动	活动意图
Stage 1 Learning /θ/&/ð/	1．Listen to a passage about Beth's family member introduction and match the words with people in the photo. 2．Listen to the passage again and underline the sound /ð/，then read the passage aloud. 3．Listen and identify the sounds /θ/&/ð/, then practice them in tongue twister. 4．Look at Beth's another three photos and talk about what things Beth thought about from these photos.	1.1 To activate students' background knowledge by reviewing what they have learned. 1.2 To prepare students for learning and feel the sounds/θ/&/ð/. 1.4 To help students practice the sounds in sentences or mini context and cultivate students' reading literacy.
Stage 2 Learning /ʌ/&/a:（r）/	1．Look at the Young family tree and find out their relationship，then identify the sound/ʌ/. 2．Look and find out the letter and letter combination with the sound/ʌ/，then read the words with the sound / ʌ /&/a:（r）/.	To create the minimal pairs and help students to practice the similar sounds in word comparison.
Stage 3Learning /u:/&/u/	1．Look at the picture about Jenny's family and answer the question，then find out the sounds of "OO". 2．Listen to the words and put them into different sounds /u:/&/u/， then make a conclusion about the rule of /u:/&/u/，and then make and practice the conversation with those words in groups. 3．Read the poem with the sounds /u:/&/u/, then practice it in groups.	3.1 To make most use of the learned context and develop students' discourse awareness. 3.2 To make the phonetic practice more interesting and diverse and help students to learn in groups. 3.3 To make the learning become easier and interesting and help students learn the phonetics in discourse.
Stage 4 Practice and application	Do the CVC spelling practice. Pronounce the singular sound learned in this class correctly and do the combination exercise.	To cultivate students' awareness of language practical use.
Stage 5 Summary and application	Read the sounds and the words together，then fill in the blanks in the passage according to phonetics.	To develop students' awareness of holistic view of language learning and help them know the importance of phonetics learning in word spelling and reading.
Stage 6 Assigning homework	Finish the pronunciation exercises in after -class sheet. Use the words learned today to write a poem to show your love to family and friends.	To consolidate what students learned in class.

（五）板书设计

Letter	th		o，u，ou	ar	oo	
Sound	/θ/	/ð/	/ʌ/	/a:(r)/	/u/	/u:/
Word	mouth fourth thumb think	this the they mother grandmother father grandfather brother	mother son brother husband uncle cousin	car art card cart farm party	good look cook foot	school moon pool tool afternoon tooth

8A Unit 2　How often do you exercise?

四川省成都玉林中学学校 任桓莹 韩雪 孔妍 冀忆欣 罗楠 杨自强

一、单元整体解析

（一）主题语境解析

	主题语境	主题群	主题内容
主题语境解析	人与自我（Reading & Vocabulary；Listening & Vocabulary；Cultural Corner）	生活与学习	课余活动
	人与社会（Introduction；Grammar；Speaking；Task）	社会服务与人际沟通	良好的人际关系与社会交往
	本单元围绕课余活动的话题设计不同层次的语言实践活动，教会学生谈论从事不同活动的频率。Section A 作为这一部分的基础部分，主要呈现：频度副词的复习及拓展；对某人从事某一活动的频率进行询问和应答；单位时间内频率次数的表达法及相关问答以及一些课余活动的表达法，并就这些活动的相关信息进行交流。Section B 进一步拓展了 Section A 的话题，从谈论"课余活动的频率"过渡到谈论"日常饮食和其他生活习惯"。在语言层面上，Section B 侧重阅读，按照"听力输入—阅读训练—由读促写"的过程逐层推进；在语言知识层面，除继续深入学习 Section A 所学语言结构以外，百分数的说法、饮食词汇（短语）的滚动呈现，以及词汇、表达法的扩充成为这部分的重要内容。A 部分的学习重点是一些课余活动的表达，以及谈论这些活动的频度副词、表达单位时间内拼读次数的方式，特别是询问活动频率的问句及答语（How often）。本部分的学习难点是掌握常见频度副词在表述级别上的细微差别，教师可通过图表等方式帮助他们理解其语义功能。B 部分的重点是进一步巩固谈论频率的句型，难点是读懂阅读部分的调查报告，以及学会使用所学语言叙述自己的一些生活习惯。教师在听力活动中应注意引导学生关注信息的短期储存（即注意发展短期记忆力）；在阅读中应注意让学生了解统计类文章的语篇特征；在写作中则应该遵循"学习示范—信息规划—模仿写作"的过程。		

（二）语篇类型分析

	语篇分布	语篇形式	语篇类型	主题	语篇出处	理解/表达
语篇类型分析	Section A 1b	音频	对话	通过一问一答的方式谈论课余活动的频率	8A Page9	理解
	Section A 2a	音频	采访	通过采访来谈论男孩 Chen Tao 的课余活动频率	8A Page10	理解
	Section A 2d	口头	对话	在有关邀请的真实语境中去谈论自己的课余时间安排	8A Page10	表达
	Section B 1c	音频	采访	通过采访，谈论健康的生活习惯（饮食和睡眠）	8A Page12	理解
	Section B 2b	语篇	说明文	一份有关高中学生的课余活动的调查报告	8A Page13	理解
	Section B 3a	语篇	图文报告	青少年 Jane 好的生活习惯和不健康的生活习惯	8A Page15	理解

（三）情感体验与认知发展解析

<table>
<tr><td>情感体验与认知发展解析</td><td>本单元主题语境与学生生活和体验认知息息相关，以轻松并贴近生活的话题展开讨论，以采访对话和调查报告语篇形式去帮助学生进行探究式学习并完成教学任务。让学生学习观察统计图，并阅读调查报告，分析调查结果，针对问题提出建议，激活学生创新思维和批判思维；了解国内外中学生的日常活动（如：swing dance），提高养成良好的健康生活习惯的意识</td></tr>
</table>

（四）学情解析

<table>
<tr><td rowspan="5">学情解析</td><td rowspan="3">话题基础</td><td>7AU5</td><td>Spending time with friends</td></tr>
<tr><td>7AU6</td><td>Talking about likes and dislikes about food</td></tr>
<tr><td>7BU2</td><td>Talking about daily routines</td></tr>
<tr><td rowspan="2">语言基础及潜在困难</td><td>7AU5
7AU6
7BU2</td><td>语音：学生在七年级学习了基本的语音知识，对基础音标和部分字母组合发音有一定了解，但对句子中的重音、语调、节奏等并未掌握
语法：学生学习了一般现在时，已掌握其常见用法以及肯定、否定、疑问、肯定否定回答。学生学习了部分频度副词，能够使用 usually 等频度副词表述日常生活活动
词汇：学生七年级阶段已经掌握了部分常用单词和一定数量的短语，但在根据不同主题，梳理和运用词汇理解和表达相关信息方面有所欠缺
语篇：学生已接触描述课余活动和日常活动的语篇，并有一定了解；但在调查报告类语篇阅读尤其是对调查报告中的数据分析、饼状图阅读方面接触不多，对调查报告这类语篇的主要语篇结构特征不太了解</td></tr>
<tr><td>潜在困难</td><td>一般现在时第三人称单数的表达；频度副词短语的位置；多个状语出现时的排列顺序</td></tr>
</table>

（五）单元整体教学内容解析

<table>
<tr><th colspan="2">类别</th><th>根据《普通高中英语课程标准》课程六要素要求梳理单元教学内容</th></tr>
<tr><td colspan="2">主题语境</td><td>本单元主题语境涵盖“人与社会”与“人与自我”，具体表现为通过对日常活动频率的描述，了解他人的生活习惯，同时加深对他人的理解。本单元主题的思想丰富，主题范围较为广泛，主题思想与语言关系密切，话题背景熟悉，有利于理解与表达，为语言学习、语言实践提供了充分的条件。通过本单元的学习，可以促进学生之间彼此了解，增强学生对生活的理解</td></tr>
<tr><td colspan="2">语篇类型</td><td>本单元总共有语篇 7 个。语篇形态丰富，涵盖音频、图文、对话等；语篇文体多样，丰富的语篇为多角度、多维度、多层次、持续性、渐进性主题意义探究的学习提供了有效载体</td></tr>
<tr><td rowspan="3">语言知识</td><td>语音知识</td><td>人物的日常活动的描述对话中的节奏和重音</td></tr>
<tr><td>词汇知识</td><td>1．在语篇中理解并运用描述人物日常活动频率的副词及副词短语；
2．在语篇中理解并运用描述第三人称单数动词的用法；
3．在语篇中理解与运用支撑主题意义的语言表达
（hardly ever，at least，junk food，such as，more than，less than 等）</td></tr>
<tr><td>语法知识</td><td>在语篇中体会和识别特殊疑问句（How often 引导）询问对方活动的频率的句式以及一般现在时句子中动词的第三人称单数的使用</td></tr>
</table>

续表

<table>
<tr><th colspan="2">类别</th><th>根据《普通高中英语课程标准》课程六要素要求梳理单元教学内容</th></tr>
<tr><td rowspan="2">语言知识</td><td>语篇知识</td><td>说明文——调查报告（含图表）</td></tr>
<tr><td>语用知识</td><td>通过阅读活动，了解调查报告的语篇特征，能将文本与图表进行信息转化；通过读写活动，就同学中日常活动的开展情况进行调查，收集、整理、统计信息，形成简单的调查报告，并能用图表、文字等形式进行展示</td></tr>
<tr><td colspan="2">文化知识</td><td>1．了解国外中学生常见的业余活动（如：swing dance）；
2．运用典型的语言针对别人的活动计划提供建议；
3．能谈论日常饮食和其他生活习惯并进行对比</td></tr>
<tr><td rowspan="2">语言技能</td><td>理解性</td><td>1．辨认语篇中关于主题意义的主要信息及其词汇，理解语篇要义；
2．抓住语篇中的关键细节；
3．理解语篇的标题、插图与主题意义的关系；
4．把握语篇的信息结构以及语言特征；
5．在听、读、看的过程中有选择地记录所需信息；</td></tr>
<tr><td>表达性</td><td>1．能通过口头与书面语篇方式，运用话题所学语言描述现实生活中的人物活动；
2．能借助语调和重音突出需要强调的意义；
3．能借助连接性词语、词汇衔接等语言手段，建立逻辑关系；
4．使用文字和非文字手段描述个人活动计划</td></tr>
<tr><td colspan="2">学习策略</td><td>1．根据人物的活动计划，描述任务的日常活动频率，并给出合适的建议；
2．根据图片、图画、表格预测、理解与表达主题意义；
3．培养健康的饮食和生活习惯</td></tr>
</table>

（六）单元板块解析

<table>
<tr><td rowspan="3">单元板块解析</td><td>单元结构</td><td>单元安排了 Section A、Section B 和 Self Check 三个板块的教学内容</td></tr>
<tr><td>板块功能</td><td>Section A 基于“Free-time activities”，创设了很多情境。通过 1a-1c 的听力对话，朋友之间谈论周末活动及频率；通过 2a-2c 听力对话，了解陈涛课余活动安排及频率。2d 功能对话，Jack 邀请 Clare 并询问其课外活动安排。在三个功能对话的基础上，Grammar 以表格的方式梳理了课余活动表达法及频率副词和表达单位时间内频度次数的方式
Section B 在 Section A 的基础上，进行话题的迁移。从“课余活动频率”过渡到“日常饮食和其他生活习惯”。按照“听力输入—阅读训练—以读促写”的过程推进。此外，在继续深入学习 Section A，巩固频率副词及单位时间内频度表达基础上，1a-1e 进一步集中呈现了六个有关食物和睡眠的词汇并通过听及编对话的方式巩固这些词汇；2a-2d 通过阅读学生课余活动调查报告，摘取关键信息，以图表形式呈现出来，促使学生内化目标语言并能够灵活运用；3a-3c 要求学生根据表格信息补全范文，并仿写出关于自我生活习惯的短文，综合运用目标语言
Self Check 用于进一步巩固谈论频率的句型，帮助学生了解本单元目标语言达成情况及综合运用本单元所学语言的能力</td></tr>
<tr><td>板块关联</td><td>教材单元以“课余活动”为主线，Section A 设计了朋友之间相互了解课余活动及频率的对话，创设课后朋友闲聊、采访以及朋友相约的真实语境，输入本单元频度副词及单位时间内频度次数表达方式等目标语言结构。Section B 系 Section A 的延伸，拓展了 Section A 的话题，并继续拓展百分数表达法以及饮食词汇的呈现。同时加以阅读素材的输入，再一次梳理不同频率的表达法，做好语言积累，进行语言写作输出</td></tr>
</table>

（七）单元教学目标

单元教学目标	1．围绕“Free-time activities”这一语境内容，通过听说活动，就课余生活中各类活动的参与度进行提问与回答。在理解与运用已知频度副词的基础上，掌握并运用常见的表示频度的副词短语及 How often … 用以询问频率的用法； 2．通过阅读活动，了解调查报告的语篇特征，能将文本与图表进行信息转化； 3．通过读写活动，就同学中日常活动的开展情况进行调查，收集、整理、统计信息，形成简单的调查报告，并能用图表、文字等形式进行展示； 4．了解个人健康状况，培养健康意识与习惯

（八）单元学习活动

单元学习活动	单元输入活动数量	4	单元输出活动数量	4
	单元输入活动		对应单元教学目标（编号）	第几课时落实
	1．听有关课余活动、生活习惯的采访		1，4	3，6
	2．学习日程活动和频率的问答		2，3，4	2
	3．了解写调查报告的要素		2，4	5
	4．阅读有关日常活动的调查报告		2	4，5，6
	单元输出活动		对应单元教学目标（编号）	第几课时落实
	1．编对话，谈活动		4	1
	2．做调查，写报告		2，3，4	4，5，6
	3．制作 information map		1	6
	4．口述调查结果		2，3，4	2，4，6

（九）单元作业

	课时	单元教学目标编码	作业内容	作业形式	时间
单元作业	1	2，3	采访同学或朋友，写一个关于他们周末活动的报告	口头 书面	30 分
	2	1	写下课堂中对话并变成一个报告	书面	25 分
	3	3	调查你和家人的日常生活习惯，变成一个采访的形式	口头 书面	30 分
	4	2，3	小组活动：调查班级同学的课外活动	口头 书面	30 分
	5	2，3	修改课堂中的写作	书面	25 分
	6	3，4	做出一个健康生活习惯的规划	书面	30 分

（十）单元评价

对应课时	评价内容	评价方法	评价时机
1	单词发音、谈论周末活动、听力模仿、角色扮演、学生使用频度副词进行两人对话活动	行为观察、情景监测	教学过程中
1	学生采访朋友，运用频度副词完成关于日常活动的报告	作业评分	教学过程后
2	单词发音、角色扮演、两人对话询问日常活动及频率、小组采访关于班级英语优秀生英语学习习惯	行为观察、情景监测	教学过程中

续表

对应课时	评价内容	评价方法	评价时机
3	单词发音、两人小组谈论饮食习惯、听力模仿、角色扮演	行为观察、情景监测	教学过程中
3	采访调查家人的饮食习惯，完成一篇报告	作业评分	教学过程后
4	单词发音、谈论课余活动、语篇分析、复述调查报告内容	行为观察、情景监测	教学过程中
4	小组活动调查班级课余活动	学生口头呈现、小组打分	教学过程中
4	写一篇关于班级学生课余活动的调查报告	作业评分	教学过程后
5	运用频度副词和频率短语谈论生活习惯	行为观察、情景监测	教学过程中
5	写一篇关于日常生活习惯的报告并进行小组互评、展示	学生作品呈现、小组打分	教学过程中
5	完善关于日常生活习惯的报告	作业打分	教学过程后
6	健康问卷互评	学生互评打分	教学过程中
6	完成关于彭于晏生活习惯的思维导图	学生作品呈现	教学过程中
6	根据健康问卷完成一篇健康生活习惯的报告	学生作品呈现	教学过程中
6	完善有关健康生活习惯的报告	学生作业打分	教学过程后

（十一）单元资源

	资源名称	使用时机	说明
单元资源	图片	第三课时、第六课时随堂	健身达人食谱图片，名人彭于晏图片
	视频	第二课时随堂	swing dance 舞蹈视频
	音频	第六课时随堂	关于本单元 information map 的制作、采访彭于晏的健康习惯及日常活动的听力练习
	学案	第四和第六课时随堂	1. 关于学生日常活动、频度副词、单位时间内活动频率次数的相关表达 2. 关于学生课余活动及频率的调查报告及图表 3. 方舱医院医护人员及病人日常活动的阅读练习
	练习题	第二课时随堂	语法重难点巩固复习
	作文评判表	第五课时随堂	关于自我生活习惯的作文评判表，包含内容要点、篇章结构等，以帮助学生自评与互评

（十二）课时划分

	课时	页码	内容	教学
课时划分	1	P9-10	Unit 2 Section A 1a-2c	听说教学
	2	P10-11	Unit 2 Section A 2c-3c	语法教学
	3	P12	Unit 2 Section B 1a-1e	听说教学
	4	P13-14	Unit 2 Section B 2a-2e	阅读教学
	5	P15	Unit 2 Section B 3a-3c	写作教学
	6	P16	Unit 2 Section B 4-Self Check	复习教学

二、课时教学设计

第一课时 Section A 1a-2c（Listening for speaking）

四川省成都玉林中学 杨自强

（一）文本解读

What	本课时是人教版《Go for it》八年级上 Unit2 的 Section A 听说部分，要求学生能够使用频度副词及短语谈论日常活动的频率，并就他人的活动计划给出合适的建议
Why	借助对话让学生学习如何做使用频度副词及询问频度的句子结构描述个人的日常活动
How	听力语篇以对话形式出现，以一问一答的形式呈现了学生对个人活动频率的描述

（二）教材教学活动解析

活动要求	活动分析	实施操作
1．Match the activities with the pictures [a-g].	★ 巩固词汇，学习词汇 ★ 活动属于获取，梳理	修改：课前先让学生讨论图片，然后再完成词汇和图片的匹配任务 说明：熟悉话题词汇，为后面的听力做铺垫
2．Listen and number the people in the picture.	★ 听录音获取细节信息 ★ 活动属于获取、梳理	修改：先让学生观察和描述各个图中人物，并就他们和对话的内容进行预测 说明：第一遍通过录音进行整体感知，然后再关注人物细节
3. Make conversations about the people in the picture.	★ 根据所听内容编造对话，讨论听力中人物的日常活动及频率 ★ 活动属于内化和运用	修改：先让学生阅读 1c 中的示范对话，然后练习，并根据问答情况做笔记，再根据笔记做简要的报告输出 说明：对话练习是基础，根据对话内容练习动词的第三人称单数形式和频率副词的表达法
4. Listen to the conversation and answer the question，then finish the chart.	★ 根据所听内容找出各个人物度假的位置 ★ 活动属于获取	修改：将此活动删除 说明：此活动与本课的重难点学习关系不大
5．Listen again and answer the question.	★ 听对话录音获取细节信息 ★ 活动属于获取、梳理	修改：先让学生根据表格进行预测，再听录音作答 说明：学生在整体感知基础上听对话进行判断
6. Work in pairs and practice the conversation. Listen to others' conversation and take notes. Practice the conversation.	★ 运用所学语言结构描述日常活动的频率，并进行结对子活动 ★ 活动属于内化与运用	修改：参考 2c 中示范对话进行联系 说明：练习所学内容

（三）课时教学目标及重难点

Teaching Objectives	1．能理解核心词汇的意思和用法（如：housework，Internet，television，hardly, ever, once 和 twice）； 2．使用句子结构（如：What do you usually do…？How often do you…？）和频度副词以及频度副词短语讨论日常活动的频率； 3．能对他人的日常活动进行评论
Teaching Focus	1．引导学生就周末的日常活动的频率进行问答； 2．帮助学生就有关空闲时间的活动以及参与频率进行对话练习
Potential difficulty in learning	1．能够使用频度副词表达日常活动的频率； 2．能够使用第三人称单数形式讨论课后活动； 3．就他人的活动计划给出合理的建议

（四）课堂教学

学教步骤	学教活动	活动意图
Activity 1	Leading-in 1．Work in groups of four and talk about their weekend activities. List as many activities as possible. 2．Classify their weekend activities into different categories：sports，entertainment，learning，etc.	引入话题 激发兴趣
Activity 2	Pre-listening 1. Look at the picture on page 9 and think about the following questions： （1）Who are they？ （2）Where are they？ （3）What job does thc woman probably do？ （4）What are they talking about？ （5）Why are they talking about their weekend activities？ （6）What activities do they do on weekends？ 2．Complete 1a. 3．Listen to the recording and check the answers in 1a. 4．Listen to the recording again and complete 1b. 5．Review and learn the adverbs of frequency by answering the questions： （1）What do these words in 1b mean？ （2）Which word refers to the highest frequency？ （3）Which one refers to the lowest？ （4）What does "hardly ever" mean？ （5）What does the first girl sometimes do on weekends？ （6）What does the first boy never do？What does he usually do？Is it a good habit？Why？What should he do？ （7）What does the second boy always do？Is it a good habit？Why？Do you always exercise？ （8）What does the third girl hardly ever do？ （9）What does she love to do？Is it a good habit？Do you like reading？ 6．Read after the recording.	预测话题 激发已知

续表

<table>
<tr><th>学教步骤</th><th colspan="2">学教活动</th><th>活动意图</th></tr>
<tr><td rowspan="7">Activity 2</td><td colspan="2">7. Read the conversation in 1c in roles.
8. Work in pairs and practice the conversation.
9. Listen to others' conversations and take notes. Then make reports like this:
××× always reads. She/He never exercises...</td><td rowspan="7">预测话题
激发已知</td></tr>
<tr><td>Frequency</td><td>Activities</td></tr>
<tr><td>Always</td><td></td></tr>
<tr><td>Usually/Often</td><td></td></tr>
<tr><td>Sometimes</td><td></td></tr>
<tr><td>Hardly ever</td><td></td></tr>
<tr><td>Never</td><td></td></tr>
<tr><td>Activity 3</td><td colspan="2">While-listening
1. Look at the picture in 2a, and answer the following questions:
(1) What's the boy's name?
(2) Is the person asking questions a man or a woman? What's her job?
(3) Is she a reporter?
(4) What are they doing?
(5) What are they talking about?
2. Listen to the recording, complete 2a and check the answers.
3. Listen to the recording again and complete 2b. Check the answers by using complete sentences to answer the questions like this:
A: How often does Cheng Tao watch TV?
B: He watches TV twice a week.
...
4. Look at the adverbs of frequency and adverb phrases of frequency in sentences and summarize their use.
The sun always rises in the east.
He usually goes to bed at ten o'clock.
He is often late for school.
Words can hardly ever describe how excited we were.
My parents are never late for work.
The magazine comes out once a month.
Students have vacations twice a year.
We go to the park three times a week.
He goes to the shop four times a week.
I go to school five times a week.</td><td>激活旧知
学习新知
内化应用</td></tr>
<tr><td>Activity 4</td><td colspan="2">Post-listening
1. Read the names of activities in the table in 2c and learn the phrase use the Internet.
2. Complete 2c according to the actual condition.
3. Read the example dialogue in roles.</td><td>关注语言
归纳总结
创造运用</td></tr>
</table>

续表

<table>
<tr><th>学教
步骤</th><th>学教活动</th><th>活动意图</th></tr>
<tr><td>Activity
4</td><td>
4．Work in pairs and practice the conversation. Listen to others' conversation and take notes. Practice the conversation like this：
A：How often do you watch TV？
B：I watch TV every day.
A：What's your favorite program？
B：Animal World.
A：How often do you watch it？
B：Twice a week.
By the end of the lesson，I can：
By the end of the lesson, I can:
<table>
<tr><th></th><th>Try hard</th><th>Good</th><th>Excellent</th></tr>
<tr><td>I know the meanings of always, usually, often, sometimes, hardly every and never and I know where to put them in a sentence.</td><td></td><td></td><td></td></tr>
<tr><td>I know the adverbial phrases of frequency like every day, once a week and twice a month and I know where to put them in a sentence.</td><td></td><td></td><td></td></tr>
<tr><td>I can ask questions starting with how often and talk about frequency of activities with my classmates.</td><td></td><td></td><td></td></tr>
<tr><td>I can interview my classmates about their free-time activities.</td><td></td><td></td><td></td></tr>
<tr><td>I can give proper suggestions on my classmates' free-time activities.</td><td></td><td></td><td></td></tr>
</table>
</td><td>关注语言
归纳总结
创造运用</td></tr>
<tr><td>Activity
5</td><td>
Assigning homework
1．Write down the conversation you practice with your partner;
2．Interview your friends or classmates. Then write a report about their activities on weekends.
<table>
<tr><th>Activities</th><th>How often</th></tr>
<tr><td>exercise</td><td>once a week</td></tr>
<tr><td>read books</td><td></td></tr>
<tr><td>watch TV</td><td></td></tr>
<tr><td>surf the Internet</td><td></td></tr>
<tr><td>…</td><td></td></tr>
</table>
Report:
My classmate/best friend exercises once a week......
</td><td>归纳总结
创造运用</td></tr>
</table>

（五）板书设计

Unit 2 How often do you exercise?

Section A (1a-2c)

1.Adverbs of frequency(places in the sentences):

*XXX **always** reads. She/He **never** exercises...*

I am ***sometimes*** late for school.

She is ***often/usually*** busy at school

I **hardly ever** go to concerts.

2.Adverb phrases of frequency(places in the sentences):

The magazine comes out **once a month.**

Students have vacations **twice a year.**

We go to the park three **times a week.**

3.The use of the 3rd person singular:

How often does Cheng Tao watch TV?

He **watches** TV twice a week.

The sun always **rises** in the east.

He usually **goes** to bed at ten o'clock.

More examples:

...

第二课时 Section A 2d-3c（Listening for Speaking）

四川省成都玉林中学 任桓莹

（一）文本解读

What	本课时是人教版《Go for it》八年级上 Unit 2 的第二课时，包括内容为两名学生谈论课后活动及频率的对话和关于频度副词和频率短语的语法知识
Why	借助对话让学生学习如何询问日常活动之学校活动频率，并通过对话掌握频度副词和频率短语的相关语法知识
How	对话以听力的形式出现，通过对话内容的问答和表格填充的形式呈现如何询问频率的方式

（二）教材教学活动解析

活动要求	活动分析	实施操作
1.2d. Role play the conversation.	★ 阅读对话了解 Claire 的课余活动，通过阅读获取特定信息，理解对话内容，并通过结对表演加深对频率的理解与表达。 ★ 活动属于感知、获取与梳理	修改：听对话，获取大意，补充表格信息，并在对话中发掘频度副词和频率短语的用法。 说明：2d 原本是一个非常好的听说材料，把整个语法教学融入听说教学的过程中。特别是这节课其实不是一个完整的语法项目的教学，更多的是句型的教学。而句型的教学应当融合在任务设计和活动中
2.3a. Complete the sentences with do or does.Then match the questions and answers.	★ 通过补全问句及匹配答语的方式关注本单元的重点语言结构。 ★ 活动属于内化与运用	

续表

活动要求	活动分析	实施操作
3.3b. Use the words given to write questions.Then ask and answer them with a partner.	★ 通过造句方式练习如何询问活动频率 ★ 活动属于内化与运用	
4.3c. What can you do to improve your English ? Add more things to the chart. Then ask your classmates the questions and find the best English student.	★ 调查小组成员从事不同活动的频率来综合运用语法知识 ★ 活动属于内化与运用	修改：先让学生分解题目与表格，再进行问答，整理成文，笔头记忆便于口头输出 说明：减低难度，帮助学困生

（三）课时教学目标及重难点

Teaching Objectives	1．恰当地使用“What do you usually do …？”“How often …？”询问日常活动，并且使用相应的频度副词或频率短语回答 2．通过对对话和 Grammar Focus 表格中句子的观察，掌握频度副词和频率短语的用法及在句中的位置 3．通过听对话，完成 2d 表格信息，再有感情地正确地朗读对话 4．综合运用所学语言知识，调查小组成员的英语学习活动频率，并表述出来，找出小组最佳英语习惯学习者
Teaching Focus	1. 掌握频度副词和频率短语的用法。老师让学生在 2d 和 Grammar Focus 表格中的语句中自主发现表达频率的词或词组，写下来并探究其在句中的位置 2. 运用频度副词和频率短语进行关于小组成员的英语学习活动频率的对话。学生通过对 3c 中题目和表格的分解，逐步丰富对话，完成采访
Potential difficulty in learning	1．综合运用所学语言知识，调查小组成员的英语学习活动频率，并表述出来，找出小组最佳英语习惯学习者是本课时难点 突破措施：分解表格，由己及人地写出英语学习活动/方式，再进行问答，最后整理成文，可笔头记忆便于口头输出；教师给予示例，帮扶学困学生

（四）课堂教学

学教步骤	学教活动	活动意图
Activity 1	Free talk What do you usually do on weekends？ How often do you do that？	引入话题 激活已知
Activity 2	Look and think，watch and know 1．Look at the picture in 2d and think about the following questions. （1）What are the students doing in the picture？ （2）Do you like dancing？ （3）How often do you dance？ 2．Watch a short video and learn about“swing dance”.	围绕主题 感知注意 激活已知 读图训练

续表

<table>
<tr><th>学教步骤</th><th>学教活动</th><th>活动意图</th></tr>
<tr><td>Activity 3</td><td>Listen for general information
1. Listen to the recording and answer the question.
What are they talking about?
Suggested answer:
Claire's after-school activities.</td><td>验证预测
聚焦主题
分析判断</td></tr>
<tr><td>Activity 4</td><td>Listen for specific information
1. Listen to the recording again and complete the chart.
<table><tr><td>Time</td><td>Monday</td><td>Tuesday</td><td>Wednesday</td><td>Thursday</td><td>Friday</td></tr><tr><td>Activity</td><td></td><td></td><td></td><td></td><td></td></tr></table>2. Listen again and think about the following questions.
(1) How does Jack feel when Claire says that next week is quite full for her?
(2) What does Jack say?
(3) What does "how come" mean by Jack?
(4) What does Claire think of swing dance?
(5) What does Jack mean when he asks "how about Tuesday"?
(6) What will Jack do next Tuesday? How do you know?
Suggested answers:
He can't believe it.
Jack says "Really?".
He wonders why Claire is quite full next week.
She thinks it's fun.
He thinks Claire might be free on that day.
He will play tennis with Claire and her friends. He says "sure!".</td><td>提炼信息
整合信息</td></tr>
<tr><td>Activity 5</td><td>Practice
1. Read the conversation again and find the frequency words in the conversation.
Suggested answer:
Once a week, every Monday, twice a week, on Wednesday and Friday.
2. Read the table in Grammar Focus and write down the adverbs and adverbial phrases of frequency they know. Tell where they can put these frequency words in the sentences.</td><td>关注语言
比较分析
归纳总结</td></tr>
<tr><td>Activity 6</td><td>Apply
1. Complete 3a and 3b. Check the answers.
2. Read the rubrics of 3c and understand what they need to do in the task.
3. Think about different ways of learning English well. (The teacher writes them on the board.)
4. Raise questions about how to improve English.
Suggested answer:
How often do you read English books?</td><td>创造运用
熟悉结构</td></tr>
<tr><td>Activity 7</td><td>Apply and create
1. Role-play your conversations.</td><td>整合运用
创造想象</td></tr>
</table>

续表

学教步骤	学教活动	活动意图
Activity 8	Summarize & self-assessing At the end of the class, I could use proper questions（e.g.What do you usually do …? How often …?）and adverbs or adverbial phrases of frequency in talking about the frequency of after-school activity and learning habits. master the use of frequency words（e.g. always, often, usually, hardly ever, never, once a week, twice a month, three times a day.）and questions（How often …?）. finish the chart easily in 2d by listening for certain information and read or act out the conversation in 2d correctly and emotionally. 4. Have a conversation about learning habits with frequency words and questions.	反思总结归纳提炼
Activity 9	Assignment 1. Write down your conversations and turn it into a report.	巩固运用拓展延伸

（五） 板书设计

Unit 2 Section A (2d-3c)

Questions	Answers	Ways to improve English
What do you do …?	I always/ often/ sometimes…	read English books
What does he/she do…?	He/she …exercises/ goes shopping/ helps with housework.	listen to English songs
How often do you …?	I… once a month.	Listen to the teacher carefully
How often does he watch TV.?	He hardly ever watches TV.	write English diaries

第三课时 Section B 1a-1e（Listening for Speaking）

四川省成都玉林中学 韩雪

（一）文本解读

What	本部分为一段采访对话音频，内容为一名记者采访两个学生，询问两个学生的日常饮食和运动等生活习惯
Why	借助采访让学生学习用频度副词和短语表达生活习惯，并通过对话判断受访者的生活习惯是否健康
How	听力语篇以采访对话形式出现，以问答的形式呈现了青少年的日常生活习惯

（二）教材教学活动解析

活动要求	活动分析	实施操作
Listening and Vocabularies 1.1a. Match the words with the pictures.	★ 介绍了有关食物的新单词，用以描述学生的饮食习惯，并以图片匹配的方式让学生加深对词汇的理解 ★ 活动属于感知和注意	修改：让学生把这些词汇分类为健康与不健康两类。 说明：使用新单词分类，加强学生对词汇的记忆，又为完成听力练习后讨论生活习惯是否健康作铺垫
2.1b. Ask and answer questions. Use the words from 1a.	★ 给出了示例对话，用以让学生用刚学的词汇操练和巩固A部分的频率表达 ★ 活动属于内化和运用	修改：解析1b对话的结构。 说明：学生明确对话结构后，能在结对练习中有话可说
3.1c. Listen to an interview about people's daily habits. Circle your answer to each question.	★ 听采访对话音频，获取大意并评价被采访者的生活方式是否健康 ★ 活动属于获取和评价	修改：听前预测，让学生回答问题（如果一个人的生活方式是健康的，他会吃些什么食物，睡眠时间是多久？） 说明：听前预测能帮助孩子减轻听中的心理压力，并预测答案
4.1d. Listen again. Fill in the blanks in the survey.	★ 听采访对话音频，获取细节信息 ★ 活动属于获取	修改：听前，询问听中做笔记的策略和方法。 说明：引导学生关注信息的短期储存（即发展短期注意力）
Function and speaking 5.1e. Student A is the reporter. Student B is Tina or Bill. Ask and answer questions. Then change roles.	★ 运用所学语言和听力文本，进行角色扮演对话 ★ 活动属于内化与运用	

（三）课时教学目标及重难点

Teaching Objectives	1．学生能通过分类词汇来学习新词 2．学生能获取对话中的信息，并判断他人的生活习惯是否健康 3．运用频度副词对日常饮食和睡眠等其他生活习惯进行谈论 4．思考自己的生活习惯是否健康和有目的地增强健康生活方式的意识
Teaching Focus	1．饮食词汇的分类学习（健康的食物和不健康的食物） 2．能够根据采访对话里的细节信息来判断他人的饮食和其他生活习惯是否健康 3．帮助学生养成听前认真读图和题目要求的习惯，帮助其通过速记法来速记信息
Potential difficulty in learning	1．学生在听力中如何通过获取信息来判断他人的生活方式是否健康？ 2．学生能否听辨关键信息来获取并速记相关细节信息？

（四）课堂教学

学教步骤	学教活动	活动意图
Activity 1	Look at the passage about a sports star and ask them to guess what the title of the passage is. Can you tell me the title of the passage? Do you have healthy eating habits?	引入话题 激发兴趣
Activity 2	Learn new words Match words with pictures Work in pairs to list as many foods as possible under two categories： healthy food and unhealthy food.	学习新知
Activity 3	Speaking 1．Read aloud the sample conversation in 1b and learn some useful expressions in 1b. 2．Work in pairs to make your own conversations.	巩固已知 建立关联
Activity 4	Listen 1．Look at pictures in 1d and read the instruction of 1c to predict the main idea of the conversation. 2．Understand the task of 1d and classify the seven questions. Then predict the possible answers. 3．Listen to the recording for the first time to answer the questions in 1c and check the answers. 4．Listen to the recording again for specific items and complete 1d. 5．Follow the recording to imitate the conversation.	获取主旨 提取细节
Activity 5	Discuss and share Read the conversation in role. According the survey of 1d，retell the interview like this： A reporter interviewed Tina and Bill. Tina has good habits. She exercise every day...However，Bill doesn't have good habits... Look at some pictures of three meals from a fitness fanatic and discuss their daily habits.	激活旧知 学习新知 内化运用
Activity 6	Assignment Do a survey about you and your family members' daily habits，and write your interview.	分析创造

（五）板书设计

Food

New words
healthy food　　unhealthy food
health n.
milk　　hamburgers
healthy adj.
fruit　　chips
junk food
vegetables　　popcorn
coffee
cola
Good habit=eat well+ sleep enough+ exercise regularly

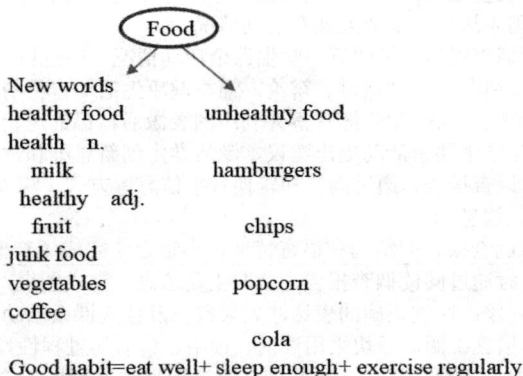

第四课时 Section B 2a-2e（Reading）

四川省成都玉林中学 孔妍

（一）文本解读

What	本课时是人教版《Go for it》八年级上 Unit2 的阅读部分，要求学生阅读一篇有关“课余活动”的调查报告
Why	学生通过阅读报告，分析调查结果，针对调查中发现的问题提出合理解决方案，并调查本班同学的课余活动方式及活动频率，以饼状图的形式呈现并做口头汇报
How	提取报告中的数据信息，并以图表方式呈现，培养学生跳读策略；通过回答问题和转述数字信息深入理解语篇，侧重对文章细节的理解

（二）教材教学活动解析

活动要求	活动分析	实施操作
2a. Rank the activities according to how often you think your classmates do them.	思考 2a 课余活动，帮助学生复习如何用频度副词表达活动方式及频率	学生通过师生示范、生生互动灵活运用频度副词
2b. Read the article and complete the pie charts.	阅读调查报告，完成饼状图	学生运用饼状图整理信息，根据关键词完成饼状图
2c. Read the article again and answer the questions.	仔细阅读报告，理解深层含义	学生通过再次阅读，了解文章细节信息，深挖文本
2d. Write sentences with the percentages using always，usually or sometimes.	灵活转换两种表达频率的方式：频度副词和单位时间内频率次数	学生通过观察饼状图，运用语法知识转换
2e. Make your own pie chart.	学以致用	学生通过阅读调查报告，熟悉报告的文章架构和语言特征，并通过小组活动完成自己的饼状图

（三）课时教学目标及重难点

Teaching Objectives	1. 阅读调查报告，获取主要信息，分析并筛选有用信息，以图表形式呈现，利用语法规则表达自己及他人课余活动情况 2. 精读调查报告，了解五中学生课余活动情况；通过自己做调查，了解本班学生课余活动情况。通过探讨、辩论，懂得健康生活对自身的重要性 3. 使用跳读策略，学生能观察并利用图表激活自己的逻辑思维；分析调查结果，就如何优化学生课余活动提出建议，激活学生创新思维和批判思维 4. 阅读调查报告，通过问答和转换数字信息等方式，深入语篇，学生能通过阅读图表获取信息 5. 模仿调查报告的结构和语言特征，小组合作完成调查报告
Teaching Focus	1. 本课时通过阅读调查报告，获取主要信息，完成图表；分析并转换信息，发现并解决问题；通过正确的表达法表述自己及他人课余活动，更加健康地生活 2. 具体措施：阅读版块采用读前、读中、读后的过程性设计思路展开；读中细节阅读，挖掘主要信息完成饼状图，灵活转换频度副词和单位时间内频率次数的表达；读后总结报告写法和小组合作完成调查报告
Potential difficulty in learning	1. 读懂调查报告，获取有效信息解决问题是本课时的难点 2. 突破措施：引导学生读饼状图并使用频度副词进行有关课余活动的语言产出；通过示范，帮助学生掌握频度副词和单位时间内频率次数表达之间的转换

（四）课堂教学

学教步骤	学教活动	活动意图
Activity 1	Pre-reading Step 1 Talk about the illustration. T：What's the theme of these pictures？ What're the characters doing and saying？ Is the ending out of your expectation？ How often do you exercise or play sports？ Step 2 Talk about your exercising habits. T：What else do you usually do？ How often do you do them？ Step 3 Talk about the heading. T：What's the article probably about？ What text type do you think it is？ Where will you probably see this article？ Who probably wrote it？	引入话题 激发兴趣
Activity 2	While-reading Step 1 Understand what the passage is about. T：What's it about？ Step 2 Understand the 1st paragraph and the type. T：Who are "we"？ How many questions did "we" ask？ What are they？ What does "result" mean？	分析文章结构 再次练习用两种表达频率的方式谈论日常活动

续表

<table>
<tr><th>学教步骤</th><th>学教活动</th><th>活动意图</th></tr>
<tr><td>Activity 2</td><td>What text type is it?
Step 3 Learn about the survey results.
1 T：What do these three paragraphs show?
2 Read & Finish the pie charts.
T：What are they?
What does each of the pie chart stand for?
Which paragraphs are they in?
3 Check by:
T：What percent of the students ...?
4 Retell according to the pie charts.
5 Complete the sentences in 2d.
Step 4 Understand the writer's view.
T：What's the writer's view?
What's the writer's suggestion?
What does "old habits die hard" mean?
When it is too late according to the writer?</td><td>分析文章结构再次练习用两种表达频率的方式谈论日常活动</td></tr>
<tr><td>Activity 3</td><td>Post-reading
Step 1 Ask &Answer.
T：What can we draw from the survey?
Do you think the students are healthy?
How about you and your classmates?
What should you do to keep healthy?
Step 2 Make a summary.
1 T：How to make a survey report?
Tips：①Heading，Beginning，Body and Ending.
②Find the sentences in the report.
2 Retell according to the summary.
Step 3 Understand the writer's writing purpose.
T：What's the purpose of this article?</td><td>深挖文本，引导学生关注饼图</td></tr>
<tr><td>Activity 4</td><td>Summing up & self-assessing
Talk about what you learn from the passage.
By the end of the class，I can:
<table>
<tr><th></th><th>Try hard</th><th>Good</th><th>Excellent</th></tr>
<tr><td>1 Figure out the basic parts in a survey report and list them.</td><td></td><td></td><td></td></tr>
<tr><td>2 Talk about free time activities through the pie charts.</td><td></td><td></td><td></td></tr>
<tr><td>3 Express the frequency of the free time activities in two different ways.</td><td></td><td></td><td></td></tr>
</table></td><td>总结结构和语言特征</td></tr>
</table>

续表

<table>
<tr><th>学教步骤</th><th>学教活动</th><th>活动意图</th></tr>
<tr><td>Home-work</td><td>
Assigning homework
Group work：Make A Survey Report（named “What Do the Students in Your Class Do in Their Free Time？”）
1. T：“We’ve done a quick and short survey this morning and gotten Top Four Favorite Free Time Activities in our class.They are exercise，playing phone/computer games，doing some reading and listening to music.”
2. 10 in a group.
<table>
<tr><th colspan="3">Role-play Chart</th></tr>
<tr><th>Number</th><th>Role</th><th>Language you may use</th></tr>
<tr><td>1</td><td>Group leader
Note-maker
Pie chart drawer</td><td>e.g. Who wants to be the interviewer/reporter?
/You are the….
Focus on 4
Focus on 5</td></tr>
<tr><td>1</td><td>Interviewer & Reporter</td><td>Focus on 3</td></tr>
<tr><td>8</td><td>Interviewees</td><td>Focus on 3</td></tr>
</table>
3．A=the interviewer B= the interviewee
A：Hello，everyone! I’m the reporter … from Yulin TV. I want to ask you something about your free time activities. Are you free/available now？
B：Yes. I’m very happy to answer your questions.
A：Thank you so much. So do you exercise in your free time？
（*The activities in the box may help you.）
B：…
A：How often do you …？
B：…
A：How about you？…
…
exercise；
play phone/computer games；
do some reading；
listen to music；
A：Thank you for your sharing. Hope you have a happy day! See you!
B：Bye!
Tips：The conversation above may help you. Try to make up a new one if you can.
4．Make notes.
<table>
<tr><th>Activities</th><th>How often</th><th>The number of students</th></tr>
<tr><td rowspan="3">exercise</td><td>1-3 times a week</td><td></td></tr>
<tr><td>4-6 times a week</td><td></td></tr>
<tr><td>every day</td><td></td></tr>
</table>
</td><td>课后通过小组活动，巩固课堂内容</td></tr>
</table>

续表

学教步骤	学教活动			活动意图
	play phone/computer games	1-3 times a week		
		4-6 times a week		
		every day		
	do some reading	1-3 times a week		
		4-6 times a week		
		every day		
	listen to music	1-3 times a week		
		4-6 times a week		
		every day		
Home-work	5. 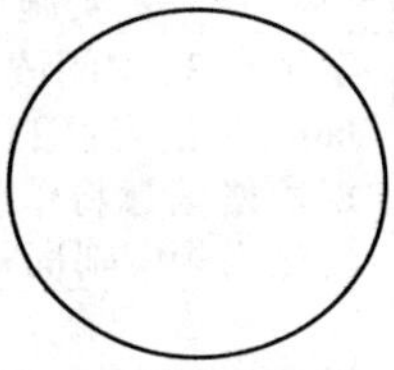 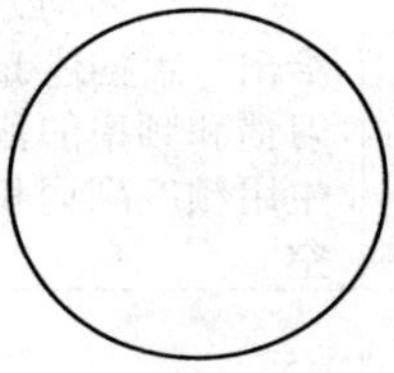 exercise play phone/computer games   do some reading listen to music 6. Make a survey report according to your pie charts.			课后通过小组活动，巩固课堂内容

（五）板书设计

Unit 2 How often do you exercise?

Reading（2a-2e）

Heading What Do No.5 High School Students Do in Their Free Time?

Beginning

Body

Ending

always-every day
usually
often
sometimes
hardly ever
never

第五课时 Section B 3a-3c（Reading for Writing）

四川省成都玉林中学 冀忆欣

（一）文本解读

What	本课时是人教版《Go for it》八年级上 Unit 2 的写作部分，要求学生写一篇关于生活习惯的文章。写作板块的三个环节内容环环相扣，要求层层递进
Why	借助填空让学生练习两种频率转化的练习，并通过仿写完成自己有关的生活习惯的一篇短文
How	三项活动是一个连贯的整体，环节之间遵循“学习示范—信息收集—模仿写作”的过程，有效辅助写作，提升写作质量和乐趣

（二）教材教学活动解析

活动要求	活动分析	实施操作
3a. Look at the information in the chart and complete the report.	给出一篇描述 Jane 日常生活习惯和频率的范文，要求学生用频度副词和频率短语填空	学生在 3a 中阅读一篇杂志社关于 Jane 生活习惯的报告范文，并根据表格信息将单位时间内的频率转化为频度副词补全报告的
3b. Complete the chart with your own information. In the last column，use expressions like always，every day，twice a week and never.	根据 3a 范文中的句子，谈论自己的生活习惯和频率	学生 3b 中运用表格整理信息，使用表示频率的词谈论自己的生活习惯
3c. Write a report about your good and bad habits. Say how often you do things. Use the report in 3a as an example.	根据 3a 范文和 3b 中自己的生活习惯的表述，完成一篇与自己有关的短文	学生在 3c 仿照范文，利用所整理的信息写一篇有关自己生活的短文

（三）课时教学目标及重难点

Teaching Objectives	1．使用频度副词和单位时间内表示频率的短语两种方式谈论生活习惯： 2．将活动和频率结合起来判断生活习惯是否健康； 3．使用正确的频率表达写一篇关于自己生活习惯的文章； 4．根据 writing checklist 修改自己的和同伴的作文
Teaching Focus	1．报告的格式。老师在 3a 教学中指导学生分析报告结构，并将结构写在黑板上，帮助学生强化结构意识； 2．正确的频率表达。在引入环节中引导学生练习和复习用频度副词和频度短语表达日常生活习惯；在 3a 中，让学生进行频度短语和频度副词的转化；在 3b 中运用频度副词和频率短语再次谈论日常活动，第三次强化
Potential difficulty in learning	用两种表达频率的方式描述日常活动。教师通过教师示范和优生示范帮助学生。在写作前谈论学生的习惯时，教师有意识地让学生使用两种频率表达（频率状语和频率副词）来谈论他们的习惯

（四）课堂教学

学教步骤	学教活动	活动意图
Activity 1	Lead-in and revision 1．Look at some pictures of teacher's daily activities. Judge if they are good activities or bad activities. （1）I hardly ever go to the dentist /ˈdentɪst/. I go to the dentist once a year. （2）Is it good or bad habit？ Talk about living habits with frequency and judge whether they have good habits or bad habits. S：I always/usually/often/hardly... I ...every day/ 3 times a week...	引入话题 激发兴趣 激活已知
Activity 2	Pre-writing 1．Analyze the context of the passage in 3a. Look at 3a. How many parts are there？ What are they？（picture，chart and report） What's the report about？（Jane's living habits） Where can we find the report？（American Teenager magazine /ˌmægəˈziː n/） 2．Look at the chart. Practice changing the adverbial phrases of frequency in days a year into adverbs of frequency and finish 3a. （1）According to the Days a year，do you know how often Jane does these activities？ 3．Read the report. （1）What good/bad habits does Jane have？（Combine activities with frequency to judge if they are healthy） 4．Analyze the structure of the report in 3a. Beginning：who？what's the report about？ Good habits Bad habits Which word does the writer use to put good and bad habits together？（However——transition word） Add an ending at the end of the report to give a summary or some suggestions. Use some transition words to make our report coherent. 5．Finish 3b. Complete the chart in 3b，using adverb of frequency and talk about students' good and bad habits with your classmates. （Using 2 ways to express frequency）	熟悉结构 获取主旨 梳理信息 聚焦语言 激活已知 围绕主题 联系实际 做好铺垫

续表

<table>
<tr><th>学教步骤</th><th>学教活动</th><th>活动意图</th></tr>
<tr><td>Activity 4</td><td>Post-writing
1. Look at teacher mark 1 or 2 students' works according to the checklist as examples. And mark partner's report based on the checklist.
<table>
<tr><td colspan="3">checklist</td></tr>
<tr><td>Did I write?</td><td>yes</td><td>no</td></tr>
<tr><td>Something about myself at the beginning</td><td></td><td></td></tr>
<tr><td>What is this report about at the beginning</td><td></td><td></td></tr>
<tr><td>Some good habits using adverbs of frequency</td><td></td><td></td></tr>
<tr><td>Some bad habits using adverbs of frequency</td><td></td><td></td></tr>
<tr><td>A summary or some suggestions at the end of the report</td><td></td><td></td></tr>
<tr><td>Some transition words</td><td></td><td></td></tr>
<tr><td>Can I find?</td><td></td><td></td></tr>
<tr><td>Correct grammar</td><td></td><td></td></tr>
<tr><td>Beautiful expressions</td><td></td><td></td></tr>
</table>
2. Do self-editing and mark partner's work according to the checklist.
3. Share students' reports with classmates. The rest students can give advice and improve their works.</td><td>同伴评价
促进发展</td></tr>
<tr><td>Homework</td><td>Assigning homework
Rewrite and improve your own writing.</td><td>整合信息
巩固运用</td></tr>
</table>

（五）板书设计

8A U2 How often do you exercise?
Section B (3a-3c) writing

Beginning { Who: Jane/ myself; What: habits

Body
- Good habits: Exercise every day, / Take a shower every day / Never eat junk food / ...
- Bad habits: Often stay up late / Usually play phones over 3 hours / ...

Ending: Summary, suggestions...

第六课时 Section B 4-self check（review）

四川省成都玉林中学 罗楠

（一）文本解读

What	本部分的内容为针对健康问题的测试以及整个单元的复习和延伸，教师就课堂学习内容以及话题引导学生就本单元进行归纳
Why	本部分为帮助学生了解自己对本单元目标语言的达成情况。对知识遗漏进行查漏补缺以及综合运用
How	通过健康测试，巩固目标语言，了解自我习惯是否健康；通过制作 information map 归纳总结目标语言；通过听对话运用目标完成导图语言；通过阅读及回答问题对目标语言进行延伸

（二）教材教学活动解析

活动要求	活动分析	实施操作
Listening Activity 4. Take the health quiz and compare the results with the partner's	★ 以问卷测试的形式对学生饮食、锻炼、睡眠、课外活动等进行调查 ★ 活动属于运用	修改：首先询问学生“Do you think you have healthy habits？”然后通过此任务自测是否拥有健康的习惯 健康测试后提醒学生，学完本课后我们会从中学到更多健康的生活习惯 说明：健康测试前抛出问题能引起学生的兴趣，测试后的总结又为测试后的任务链作铺垫
Self check 1 Complete the chart with the things you do or don't do. How about your mom and dad?	★ 此部分三个练习题帮助学生了解自己对本单元语言目标的达成情况： ★ 活动 1 填表练习考察了有关课外活动词汇和频度副词的使用。 ★ 活动属于内化和运用	修改：听彭于晏健康生活的对话，听后完成导图 说明：通过听力任务检测所学的同时巩固目标语言。课堂活动更有趣味性和丰富性。同时在真实语境中运用目标语言
Self check 2 Write five sentences using the information above.	★ 活动 2 造句练习考察了有关课外活动词汇和频度副词的使用。 ★ 活动属于内化和运用	
Self check 3 Fill in the blanks in the conversation.	★ 活动 3 则通过补全对话的方式检测学生综合运用本单元所学语言的能力。 ★ 活动属于内化和运用	修改：阅读疫情下方舱医院的医护人员业余活动及健康习惯的有关内容回答问题 说明：通过阅读任务，学生能对同一话题进行拓展延伸

（三）课时教学目标及重难点

Teaching Objectives	1．通过听力练习能够让学生在真实语境中运用谈论活动频率的目标语言 2．通过健康小测试让学生正视自己的生活习惯，改掉不良习惯，树立健康充实的生活意识 3．通过读后任务设置培养学生的创新思维能力 4．通过前置任务设置，学生完成 information map，以此培养学生以导图的形式，巩固、拓展本单元知识要点的能力；在语境中运用目标语言的语境意识
Teaching Focus	1．总结频度副词以及单位时间内频率次数的表达法谈论从事活动的频率； 2．自然流利地谈论生活习惯及日常活动
Potential difficulty in learning	使用不同频度副词以及单位时间内频率次数的表达法做报告

（四）课堂教学

学教步骤	学教活动	活动意图
Activity 1	Take the health quiz Take the health quiz and discuss to compare the results with partners'.	引入话题 激发兴趣
Activity 2	Listen and fill in the mind-map Look at the picture and predict before listening Listen to a conversation about how movie star Peng Yuyan keeps healthy and spends his free time. Complete the mind map. 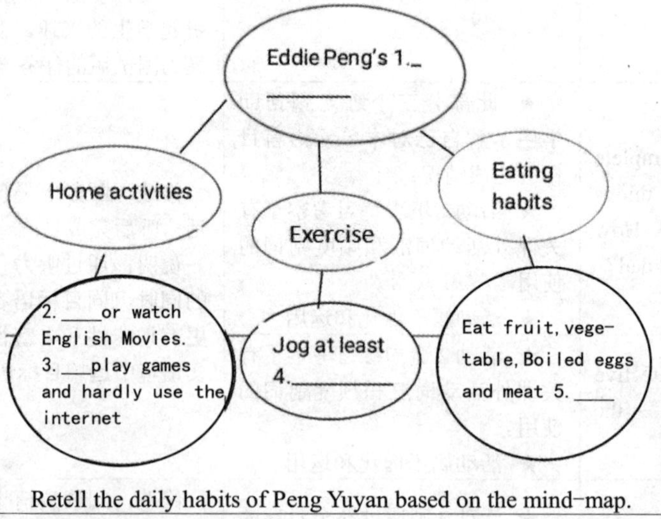 Retell the daily habits of Peng Yuyan based on the mind-map.	提炼信息 联系实际
Activity 3	Read and answer the questions 1. Look at the picture and predict where it happened and what it is about. 2. Read the passage and answer the questions:	巩固运用 拓展延伸

续表

学教步骤	学教活动	活动意图
Activity 3	（1）What does Mr Fu do when he is in Fangcang hospital? Can you guess how often he reads books in his free time? Why? （2）What do the patients do to keep fit in Fangcang hospital? What do you think of it? Do you think they usually exercise in their daily life? （3）What is your understanding of "When you feel very sad and hopeless，reading is one of the ways to heal（治愈）your inner pains（内心的伤痛）." ? （4）If you were a volunteer，what would you like to do to help them spend the free time in the hospital?	巩固运用 拓展延伸
Activity 4	Making a report Recall the results of health quiz（which they took at the beginning of the class）and ask Ss if they'd like to make a change. Work in groups of 4 and discuss how they can live a healthier life（daily habits，free-time activities and so on）. Each of them focuses on different tasks： group leader：ask questions and make a report note taker：take notes other members：each one focuses on one part： daily habits，free-time activities Sample： Good morning，boys and girls. After the discussion，we'd like to share how we are going to live a healthier life. We can live more healthily by eating ... We should eat more ...every day. And we can also... We can...and never... This is our idea. Thank you for listening.	内化运用 分析创造
Activity 5	Summing up At least 3 Ss' information maps are checked（they have done it before class）and present the teacher's mind-map to help them improve their information maps.	梳理总结
Activity 6	Assignment Improve the information map Make a schedule to live a healthier life. It is about eating，sleeping time，exercise，free-time activities...	巩固运用 拓展延伸

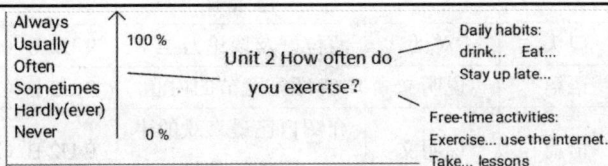

（五）板书设计

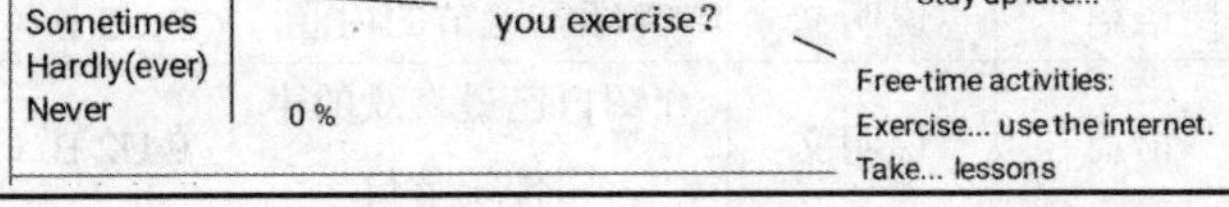

9 Unit 2　I think that mooncakes are delicious!

成都市中和中学 杨曦

一、单元整体解析

（一）主题语境解析

	主题语境	主题群	主题内容
	人与社会（Speaking；Listening；Grammar；Reading；Writing）	文化风俗和人际交流	介绍节日和表达个人观点
主题语境解析	本单元（本册第二个单元）以“Festivals”为主题，在 Section A Speaking 和 Listening 部分借助听说活动，使学生了解端午节、泼水节话题词汇（节日名称，节日活动，形容词以及各种描述性词语等）。在 Reading 部分则通过阅读介绍中秋节的语篇，以“嫦娥奔月”这一民俗故事为侧重点，使学生了解我国传统节日—中秋节的文化内涵。在 Grammar Focus 部分则让学生从理性角度理解、练习及运用本单元的目标句型结构，能使用由 that，if/whether 引导的宾语从句表达自己的态度和看法，能使用由 How 或 What 引导的感叹句发表感叹，同时为 Section B 综合性读写运用打下基础。在 Section B Listening 和 Speaking 部分侧重介绍西方传统节日（万圣节，圣诞节，复活节），拓展学生的国际文化视野，在 Reading 部分侧重训练学生对阅读的深层理解，即除了理解语言的表层含义外，还培养了学生的推断能力，使他们读懂作者在字里行间所表达的深层含义。该部分通过探讨圣诞节的含义，讲述吝啬鬼 Scrooge 的转变，向学生传达以下信息：关爱、同情及怜悯之心是人类社会的宝贵财富，人人应当将之继承及弘扬，以爱心回馈社会，同时也引导学生能从不同方面介绍节日，表达自己的观点		

（二）语篇类型分析

	语篇分布	语篇形式	语篇类型	主题	语篇出处	理解/表达
语篇类型分析	Listening	音频	对话	两位好友谈论端午节	9U2A（1b/2a/2b）	表达
	Speaking	口头	对话	两位好友谈论泼水节	9 U2A（2d）	表达
	Reading	语篇	故事	嫦娥奔月的中秋民俗故事	9 U2A（3a-3c）	理解
	Grammar	语篇	说明文	介绍西方国家的父亲母亲节	9 U2A（4b）	理解
	Listening	口头	对话	两位好友谈论万圣节	9 U2 B（1b/1c）	表达
	Reading	语篇	说明文	介绍圣诞节的内涵	9 U2 B（2a-2e）	理解
	Writing	语篇	说明文	介绍自己最喜欢的中国传统节日	9 U2 B（3a-3c）	理解/表达

（三）情感体验与认知发展解析

情感体验与认知发展解析	本单元主题语境与学生生活话题相关，以中国传统节日为话题展开讨论，以介绍节日的核心词汇启发、提示学生，让学生在自然的氛围中进行探究式学习并完成教学任务，让学生学会从不同的角度介绍节日，并通过学习节日中的民俗故事、精神内涵等，懂得传承传统文化的意义

（四）学情解析

学情解析	话题基础	7B6	Talking about everyday activities.
		8A8	Making turkey dinner on Thanksgiving.
	语言基础及潜在困难	7B6 8A8	语音：学生具备了一定的语音知识，但对于根据重音、语调、节奏等的变化感知故事中的情感态度的能力并未掌握 语法：学生已具备用现在进行时态表达的能力。但在宾语从句中关注人称和动词形式的一致性，感叹句 What 和 How 的运用区别，阅读中使用推断策略推断人物性格和情节发展的能力还欠缺。 词汇：学生已经掌握了日常活动相关单词和一定数量的短语，但在根据不同主题，梳理和运用词汇理解和表达相关信息方面有所欠缺

（五）单元整体教学内容解析

类别			根据《普通高中英语课程标准》课程六要素要求梳理单元教学内容
主题语境			本单元主题语境为“人与社会”，具体表现为通过谈论中西方传统节日，阅读节日民俗故事和节日背后的精神内涵，学会从不同角度介绍节日，表达个人观点，并懂得传承传统文化的意义。单元主题的内容丰富，主题范围较为广泛，主题思想与语言关系密切，有利于理解与表达，为语言学习、语言实践提供了充分的条件。有利于培养学生的人际沟通意识，有利于引导学生更多地关注中国传统文化，拓展国际文化视野
语篇类型			本单元总共有语篇 5 个：理解性语篇/输入性语篇（共 3 篇），表达性语篇/生成性语篇（共 2 篇）。语篇形态丰富，涵盖音频、图文、对话等；语篇文体多样，丰富的语篇为多角度、多维度、多层次、持续性、渐进性主题意义探究的学习提供了有效载体
语言知识	语音知识		节日相关民俗故事中的节奏
	词汇知识	核心词汇	stranger，relative，pound，dessert，garden，tie，treat，Christmas，novel，business，present，warmth，steal，lay，admire，lie，punish，warn，spread，dead
		常用表达	put on，lay out，end up
		认知词汇	mooncake，lantern，folk，goddess，whoever，tradition，haunted，ghost，trick，spider，eve
	语法知识		宾语从句（Objective Clauses），感叹句（What/How 引导）
	语篇知识		故事—介绍节日来历及精神内涵
	语用知识		谈论—如何庆祝某个节日以及表达对某个节日的看法

续表

类别		根据《普通高中英语课程标准》课程六要素要求梳理单元教学内容
文化知识		1．谈论中西方传统节日，运用介绍节日的核心词汇从不同角度学会向他人介绍节日 2．了解中西方传统文化异同之处，了解传承传统节日的意义
语言技能	理解性	1．辨认语篇中关于主题意义的主要信息及其词汇，理解语篇要义； 2．抓住语篇中的关键细节； 3．理解语篇的标题、插图与主题意义的关系； 4．把握语篇的信息结构以及语言特征； 5．在听、读、看的过程中有选择地记录所需信息
	表达性	1．能通过口头与书面语篇方式，运用话题所学语言介绍节日； 2．能借助语调和重音突出需要强调的意义； 3．使用文字和非文字手段介绍节日，表达个人观点
学习策略		1．根据图片、表格理解与表达主题意义； 2．侧重训练学生对阅读的深层理解，即除了理解语言的表层含义外，还培养了学生的推断能力，使他们读懂作者在字里行间所表达的深层含义

（六）单元板块解析

单元板块解析	单元结构	单元安排了 Section A、Section B 和 Self Check 三个板块的教学内容
	板块功能	Section A 侧重介绍中国的传统节日（端午节，泼水节，中秋节），主要呈现：（1）活动 1a-2d 通过听说活动，使学生了解端午节、泼水节话题词汇（节日名称、节日活动、形容词以及各种描述性词语等）。（2）活动 3a-3c 则通过阅读介绍中秋节的语篇，以“嫦娥奔月”这一民俗故事为侧重点，使学生了解我国传统节日—中秋节的文化内涵。（3）Grammar Focus 和 4a-4c 部分则让学生从理性角度理解，练习及运用本单元的目标句型结构，能使用由 that，if/whether 引导的宾语从句表达自己的态度和看法，能使用由 How 或 What 引导的感叹句发表感叹，同时为 Section B 综合性读写运用打下基础。 Section B 侧重介绍西方传统节日（万圣节，圣诞节，复活节）。主要呈现：（1）活动 1a-3b 通过“听说入手—突出阅读—创写语篇”的过程，培养学生在介绍节日这一话题的综合语言技能。（2）活动 2a-2e 侧重训练学生对阅读的深层理解，即除了理解语言的表层含义外，还培养了学生的推断能力，使他们读懂作者在字里行间所表达的深层含义。该部分通过探讨圣诞节的含义，讲述吝啬鬼 Scrooge 的转变，向学生传达以下信息：关爱，同情及怜悯之心是人类社会的宝贵财富，人人应当将之继承及弘扬，以爱心回馈社会。（3）引导学生通过圣诞节能够联想到其他节日及节日蕴含的意义
	板块关联	Section B 是 Section A 的延伸，谈论“中国传统节日”和“西方传统节日”。两个板块紧紧围绕“节日”这条主线，设计了学生熟知的节日及相关本土文化，其目的在于：学生学习外语，不仅仅是为了交流和学习，同时也要让学生懂得如何用英语介绍本国的文化，学会沟通和相互理解，进而树立文化自信，提升跨文化交际意识

（七）单元教学目标

单元教学目标	1．通过听说活动，学会介绍交流中西方传统节日的风俗活动，在理解与运用已知描述性词语的基础上，掌握并运用宾语从句和感叹句来表达个人的看法 2．通过阅读中秋节和圣诞节传统故事，了解节日的专属文化词汇及文化内涵，梳理介绍节日的语篇特征，学会运用这些语言结构介绍自己关注的节日 3．通过读写活动，学会从节日的时间、起源的国家、传统活动、民俗故事、精神内涵等方面介绍自己关注的某个传统节日，并表达自己的观点 4．通过了解中西方传统节日、习俗及其蕴含的意义，认识到节日不仅是中西方文化的重要组成部分，也是精神和美德的重要载体

（八）单元学习活动

单元学习活动	单元输入活动数量	6	单元输出活动数量	5
	单元输入活动		对应单元教学目标（编号）	第几课时落实
	1．听端午节、泼水节、万圣节相关对话。		1	1，2，5
	2．读中秋节民俗故事的文章。		2	3
	3．观察提炼语法知识结构。		3	4
	4．读圣诞节相关文章。		4	6
	5．了解介绍节日的要素。		3	7
	6．讨论传统文化的意义。		4	5
	单元输出活动		对应单元教学目标（编号）	第几课时落实
	1．谈论中西方传统节日的相关信息（时间、地点、活动、习俗等）。		1，2	1，2，5
	2．复述中秋节故事，体会节日的内涵。		1	3
	3．语法训练，开展小组调查，汇总组员最喜欢的节日以及看法。		2，3，4	4
	4．运用阅读策略获取文章信息，比较故事中的人物性格，以及节日背后的意义。		3，4	6
	5．向国际学校的英语笔友介绍春节。		3	7

（九）单元作业

	课时	单元教学目标编码	作业内容	作业形式	时间
单元作业	1	1	听并跟读听力材料	口头	10分
	2	1，3	自主查找更多关于端午节的信息并用宾语从句和感叹句表达个人看法	书面	15分
	3	1	模仿 2d 与同伴讨论自己最喜欢的中国节日并写出你们之间的对话	书面	15分
	4	2，3	写 50 词左右的对于中秋节文章题目的理解，复述文章	书面	20分
	5	1	用宾语从句和感叹句对自己最喜欢的节日表达看法。完成语法练习	书面	15分

续表

	课时	单元教学目标编码	作业内容	作业形式	时间
单元作业	6	1	阅读有关万圣节的补充文章，向同伴介绍更多万圣节的信息（对话形式）	书面	15 分
	7	1，2，3	网上查找圣诞节相关的更多信息，并口头介绍给你的同伴	口头	10 分
	8	3，4	以书信的方式向成都美视国际学校的英语笔友介绍春节	书面	20 分

（十）单元评价

对应课时	评价内容	评价方法	评价时机
1	单词发音、听力模仿、谈论端午节见闻	行为观察、情境检测	教学过程中
2	学生使用目标语言进行小组对话活动	行为观察、情境检测	教学过程中
3	对中秋节文章复述	书面评价	教学过程后
5	课后语法检测	书面评价	教学过程后
5	介绍万圣节	行为观察、情境检测	教学过程中
6	介绍春节	书面评价	教学过程后

（十一）单元资源

	资源名称	使用时机	说明
单元资源	图片	第一，二课时随堂	端午节，泼水节庆祝活动图片
	视频	第三课时随堂	人们庆祝中秋节的活动
	图片	第五课时随堂	万圣节庆祝活动图片
	导学单	第六课时课前	预习圣诞节相关信息
	思维导图	第七课时随堂	介绍节日的语言框架
	视频	第七课时随堂	介绍中国春节庆祝活动

（十一）课时划分

	课时	页码	内容	教学
课时划分	1	P9	Section A（1a-1c）	听说教学
	2	P10	Section A（2a-2d）	听说教学
	3	P11	Section A（3a-3c）	阅读教学
	4	P12	Section A（Grammar Focus-4c）	语法教学
	5	P13	Section B（1a-1d）	听说教学
	6	P14-15	Section B（2a-2e）	阅读教学
	7	P15-16	Section B（3a-self check）	读说写评教学

二、课时教学设计

第一课时 Section A 1a-1c（Listening for speaking）

成都高新新城学校 唐华

（一）文本解读

What	本课内容为人教版九年级二单元 p9 听说课，学习内容与 festival 话题相关 1a-1c 主要呈现话题词汇，通过插图或课件，帮助学生回顾在七八年级接触到的一些节日名称和活动，感知与节日相关的文化专属语
Why	借助听力活动让学生学习如何使用宾语从句和感叹句表达个人爱好和意见
How	通过简单的听力活动输入到新的语言让学生初步使用宾语从句和感叹句就 4 个传统的中国节日进行简单的个人爱好和意见的表达

（二）教材教学活动解析

活动要求	活动分析	实施操作
Listening 1a. match the pictures with the descriptions 1b. listen and circle 1c. speaking	介绍了新单词，用以帮助学生回忆节日名称、节日活动引入的相关的词组和宾语从句。通过听的方式输入目标句型，先听后说培养学习英语的良好习惯 活动属于感知与注意	学生熟悉话题词汇，初步感知和了解宾语从句、感叹句，运用目标语言谈论节日

（三）课时教学目标及重难点

Teaching Objectives	By the end of the lesson，the students are expected to： 1．understand the information about the Dragon Boat Festival by using listening strategies such as predicting，listening for gist and key words. 2．use the target language（I think that.../I believe that.../I wonder if/whether.../ What...! /How...!） to express preferences and opinions about the Dragon Boat Festival and their favorite Chinese festival. 3．have a better understanding of the Dragon Boat Festival and other Chinese traditional festivals.
Teaching Focus	1．Use the objective clause and the exclamatory sentence to express preferences and opinions about the Dragon Boat Festival correctly. 2．Obtain the information about the Dragon Boat Festival precisely.
Potential difficulty in learning	Use the objective clause and the exclamatory sentence to express preferences and opinions about the Dragon Boat Festival correctly.

（四）课堂教学

学教步骤	学教活动	活动意图
Activity 1	Getting students ready for learning Step 1 Greetings Step 2 Routine task	To get Ss ready for learning
Activity 2	Presentation Step 1 Brainstorming some Chinese festivals Step 2 Express opinions about the festivals Step 3 Complete 1a	To guide students to talk more about this festival and lead in the target language
Activity 3	Revision Review some information about Dragon Boat Festival（person，date，activities， food）	To review what we have learnt about Dragon Boat Festival and lead in the topic
Activity 4	Pre-listening Step 1 Read four sentences in 1b Step 2 Think and answer the following questions： （1） What festival are Bill and Mary talking about? （2）What activities do they have to celebrate this festival?	To help students predict what they are going to listen to and make preparations for the listening
Activity 5	While-listening Step 1 Listen and answer the following questions： （1） Do Bill and Mary like dragon boat festival? （2） What do they like? Step 2 Listen again and complete 1b Step 3 Check answers according to the listening material	To guide students how to get the precise information and inform the target language
Activity 6	Post-listening Step 1 Express preferences and opinions according to the pictures by using exclamatory sentences Step 2 Know more custom about Dragon Boat Festival and try to use the target language to express opinions. Step 3 Work in pairs and talk about the festivals in 1a.	To guide students to use the target language to express more opinions about festival
Activity 7	Summing up & self-assessing give a brief summary of the objective clause and exclamatory sentences and students do the self-assessing	To summarize and check if students have achieved the objectives
Activity 8	Assigning homework 1．Copy the new words and expressions 2．Listen & read the listening material Surf the Internet and find more information about the Dragon Boat Festival and write down your opinions about this festival by using the objective clause and exclamatory sentences	To help students consolidate what we have learnt this class

（五）板书设计（截屏放入表格内）

Unit 2 I think that mooncakes are delicious!	
Period 1 Section A 1a-1c	
The Thanksgiving Day	I think that they are fun to watch.
The Dragon Boat Festival	Bill wonders whether they'll have zongzi again.
The Chinese Spring Festival	What great festivals!
The Lantern Festival	How happy the people are!
...	

第二课时 Section A 2a-2d（Listening for Speaking）

成都高新新城学校 谢阳阳

（一）文本解读

What	本部分为一段对话音频和一段对话文本，2a-2c 是 Harry 和 Wu Ming 关于假期活动的对话交流。2d 是 Clara 和 Ben 的对话交流，涉及 Clara 的假期活动和中泰两国泼水节的异同
Why	2a-2c 旨在训练、发展学生的听说能力，帮助学生认识中国的传统节日端午节，了解不同地区的节日，使学生体会本单元主题语言及文化内容，建立感性认识。2d 旨在让学生在更加真实的语言情景中，了解传统节日泼水节，同时在 role-play 中提高学生语言的综合运用能力
How	听力语篇以对话形式出现，以一问一答的形式呈现了 Wu Ming 与 Harry 的关系、Wu Ming 的假期活动以及 Wu Ming 对端午节的看法。2d 文本以对话形式出现，以一问一答的形式呈现了中泰两国泼水节的异同和传统习俗

（二）教材教学活动解析

活动要求	活动分析	实施操作
Listening 2a. Listen to the conversation between Wu Ming and Harry and circle the correct words in the sentences.	介绍了 Wu Ming 的假期活动以及 Wu Ming 对端午节的看法，并以选择的方式让学生结合听力内容理清 Wu Ming 与 Harry 的关系等内容。 活动属于感知与注意	引入话题，预测并完成听力任务 说明：让学生加强对关键词和短语的捕捉，又为下一步听力讨论旅行中的缺点作铺垫
Listening 2b.Listen again and fill in the chart.	材料给出了 Wu Ming 在假期中所做的一些有趣的活动，要求学生在听力中对关键信息进行处理，筛选出旅行中的缺点。 活动属于感知与注意	播放听力材料 2~3 次，完成表格 说明：让学生进一步理清 Wu Ming 的假期活动，又为下一步角色扮演作铺垫

续表

活动要求	活动分析	实施操作
Role-play 2c. Role-play conversations between Wu Ming and Harry. Use the information in 2a and 2b or make your own conversations.	角色扮演 Wu Ming 与 Harry 的对话	让学生根据对话模板完成 pair work，进一步灵活运用目标语言表达自己对节日和相关活动的观点
Role-play 2d.Role-play the conversation between Clara and Ben.	2d 文本以对话形式出现，以一问一答的形式呈现了中泰两国泼水节的异同和传统习俗	观看泼水节小视频，获取相关背景信息，并结合对话内容完成表格，两人一组完成 role-play。 说明：让学生通过对话练习理解中泰泼水节的异同，并运用目标语言表达自己对节日和相关活动的观点

（三）课时教学目标及重难点

Teaching Objectives	1．At the end of this class，students will be able to use the following key words: mooncake，lantern，stranger，relative，pound and key phrases such as put on，be similar to，etc. Students can use the target language to talk about Wu Ming's preferences for festivals and related activities. Students can use exclamation sentences and object clause to express their feelings and opinions about Dragon Boat Festival，Water Festival. 2．At the end of this class，students will be able to get information such as the relationship between Wu Ming and Harry，Wu Ming's holiday activities and Wu Ming's preferences for festivals. Students can analyse relevant information in listening materials to get Wu Ming's opinion on related activities. 3．At the end of this class，students will be able to have a deeper understanding of the connotation of Chinese traditional culture and initially develop the awareness of cross-cultural communication through the study and discussion of Chinese traditional festivals.
Teaching Focus	1．Guide students to obtain information such as the relationship between Wu Ming and Harry，Wu Ming's festival activities and Wu Ming's preferences for festivals through listening practice. 2．Guide students to analyse the relevant information in listening materials and get Wu Ming's opinion on relevant activities. 3．Guide students to use exclamation sentences and object clauses to express their opinions on Dragon Boat Festival，Water Festival and related festival activities.

续表

Potential difficulty in learning	1. Consistency of the person and verb forms in object clause. 2. Connect the actual situation of the students and use object clauses and exclamatory sentences to express their feelings and opinions on Dragon Boat Festival, Water Festival and other festivals. 3. Contact the actual situation of the students, make up the dialogue by themselves, and carry out further conversation and communication around the topic of this unit.

（四）课堂教学

学教步骤	学教活动	活动意图
Activity 1	Free talk What do you like best about the Dragon Boat Festival? What do you think of …?	Lead in the new lesson
Activity 2	Listen and Role-play 1. Listen to the conversation between Wu Ming and Harry and circle the correct words in the sentences. 2. Listen again and fill in the chart. Role-play conversations between Wu Ming and Harry. Use the information in 2a and 2b or make your own conversations.	Listen for the key words in the conversation and be able to use them in their own ones.
Activity 3	Make a survey Wu Ming had a wonderful summer vacation. How about you and your friend? Make a survey about your friend's summer vacation and make conversations.	Be able to express their own ideas with the target language.
Activity 4	Video time Watch a video about the water festival in Yunnan and take notes.	Get some information about Water Festival.
Activity 5	Listen and circle 1. Listen to the conversation between Ben and Clara and circle the correct answers. 2. Listen again and fill in the chart below.	Get the main information (when, where, how, why).
Activity 6	Make conversations about festivals Do you know these two festivals? Compare them and make a conversation with your partner.	Compare the two festivals and be able to talk about them.

（五）板书设计

Unit2 I think that mooncakes are delicious

Section A (2a-2d)

What a great weather!
How great the weather is!

I think that they're fun to watch.
I believe that
I wonder if/ whether …

put on 增加(体重);发胖
in + 一段时间
from … to… 从……到……
be similar to … 与……相似

第三课时 Section A 3a-3c（Reading）

成都高新新城学校 杨泞萍

（一）文本解读

What	本阅读课来自九年级第二单元第三课时，是关于中秋节的来历介绍；通过讲述嫦娥奔月这个故事的经过，解释中秋节的传统习俗的由来，进而促使学生理解中秋节背后的文化内涵
Why	3a–3c 旨在训练、发展学生的阅读能力，帮助学生认识中国的传统节日中秋节，了解中秋节的来历、传统习俗等，使学生体会本单元主题语言及文化内容，建立感性认识
How	文章结构为总分总结构，以月饼为线索，先总述中秋节吃月饼的意义，然后讲述中秋节吃月饼的故事来历，最后再次总结中秋节的习俗及意义

（二）教材教学活动解析

活动要求	活动分析	实施操作
Pre-reading To provide students with reading practice using the target language.	略读文章，回答问题； 概括文章大意	对文章的整体理解。 说明：学生快速浏览课文，完成 3a 活动。就 3a 的问题进行班级讨论，确认答案
While-reading To give an opportunity to test their reading comprehension.	细读课文。 根据故事情节，找到人物性格特征； 把乱序情节按顺序整理好； 将人物和相关情节连线	对文章的细节理解。 说明：要学生先依据对课文的记忆完成 3b 活动，然后阅读课文，核实细节，修正自己的错误

续表

活动要求	活动分析	实施操作
Post-reading To give students an opportunity to test their memory of key words in reading passage.	根据故事情节讨论中秋节吃月饼的意义； 根据自身谈谈自己对中秋节的感受	读后自我反馈。 说明：要求学生不看课文完成 3c 填词活动

（三）课时教学目标及重难点

Teaching Objectives	By the end of the lesson，the students are expected to: 1．get the key information of the story of Chang'e by using reading strategies such as predicting，analyzing main characters，sequencing and summarizing ； 2．give personal reactions to the traditions of the Mid-Autumn Festival and the characters in the story of Chang'e; 3．talk about the cultural meaning of the Mid-Autumn Festival
Teaching Focus	Give personal reactions to the traditions of Mid-Autumn Festival and the characters in the story of Chang'e;
Potential difficulty in learning	Understanding the cultural meaning of the tradition of eating mooncakes on the Mid-Autumn Festival.Students may not be able to find the cultural meaning behind the tradition of eating mooncakes on Mid-Autumn Festival，teacher should guide them to pay attention the reasons mentioned in the passage.

（四）课堂教学

学教步骤	学教活动	活动意图
Activity 1	Stage 1 Getting students ready for learning. Step 1 Greetings	To get ready for learning
Activity 2	Stage 2 Lead-in Look at some pictures of the mooncakes and answer the following questions. Q1：What are they? How do you like them? Q2：When do we usually eat them?	To get to know some key phrases
Activity 3	Stage 3 Pre-reading Step 1 Watch a video about Mid-Autumn Festival and learn about the key information：when？where？How？ Step 2 Read the tile and picture of the reading and predict what story this reading is about.	1. To activate previous knowledge of the Mid-Autumn Festival. 2. To practice the reading skill of predicting.

续表

学教步骤	学教活动	活动意图
Activity 4	Stage 4 While-reading Step 1 Read the passage and summarize the main idea of each paragraph. Step 2 Read Para 2 quickly and find the names of all the characters in the story. Step 3 Read Para 2 again and match the characters with their events. Step 4 Put the events in the correct order.	1. To practice the reading skills of skimming, scanning and summarizing. 2. To understand the details of the story.
Activity 5	Stage 5 Post-reading Step 1 Make inferences about the personality of each character and find details from the passage to support their ideas. Step 2 Work in groups to make a presentation about the reasons of eating mooncakes on Mid-Autumn Festival. Step 3 Give their personal responses to the tradition of eating mooncakes on Mid-Autumn Festival by relating to their own experiences.	1. To practice the reading skill of making inferences based on the details in the passage. 2. To build the connection between the text and themselves. 3. Guide students to think about the cultural meaning behind the tradition of eating mooncakes on Mid-Autumn Festival.
Activity 6	Stage 6 To complete the self-assessing form.	To check whether they reach learning objectives.

（五）板书设计

Unit 2 I think that mooncakes are delicious!

Section A 3a-3c

Full Moon, Full Feelings

When what who how

the Mid-Autumn Festival sharing mooncakes Hou Yi I think that.

admiring

the moon Chang'e

a goddess

Pang Meng

第四课时 Section A Grammar Focus-4c （Grammar）

新城学校 潘莹

（一）文本解读

What	本课内容为人教版九年级二单元 p12 语法课，用宾语从句和感叹句谈论节日 Grammar Focus 呈现由 that/if/whether 引导的宾语从句和感叹句，引导和帮助学生学习和小节本单元的语法项目，明确其用法
Why	4a 主旨在于训练学生宾语从句和感叹句的造句能力，关注语言结构；4b 通过语篇让学生在一定的语境下学会识别及运用宾语从句；4c 则更加突出本单元语法内容的交际性运用
How	4a-4c 通过排序、语篇和调查，扎实巩固宾语从句和感叹句，提高学生对节日的观点和看法的表达能力。其中 4b 从时间、活动、内涵方面介绍了父亲节和母亲节，也为进入 Section B 西方节日的学习做好过渡

（二）教材教学活动解析

活动要求	活动分析	实施操作
Grammar Focus Ask Ss to identify the objective clauses and the structure of Exclamatory statements.	通过朗读和观察语法要点，引导学生掌握 that 和 if 或 whether 引导的宾语从句。另通过谈论对泼水节的观点，让学生在实际运用中习得 what 和 how 引导的感叹句 活动属于观察、对比、总结	说明：教师在教学中应当更有针对性地关注学生的难点所在，想办法进行突破
Exercises 4a Ask Ss to read the sample sentences and do grammar exercise.	让学生按照 4a 活动要求造句，再与周边同学交流，修正语句中的不足。然后师生共同核对答案。全班集体朗读正确句子，教师纠正语音语调 活动属于模仿	修正：课前收集此考点的中考题，让学生在课上进行操练
4b Ask Ss to underline the objective clauses.	让学生带着三个问题阅读 4b，然后让学生用宾语从句谈论更多向父母表达爱的方式 活动属于任务性阅读	说明：将语法放在真实的语境中，更利于学生掌握
Group work 4c Ask Ss to interview their groupmates and elicit answers.Then give a report in class.	学生在小组中采访三至四名同学，了解他们最喜欢的节日、时间、主题和原因，并将相关信息进行记录，然后按照范例，用宾语从句尽心汇报 活动属于采访（对话）并形成口头报告	说明：教师及时对学生的表现作出评价，肯定要点，指出不足

（三）课时教学目标及重难点

Teaching Objectives	1. Grasp the structure and the usage of objective clauses and exclamatory statements by using observation, induction, application and summary strategies. 2. Realize the function of objective clauses in situations by learning the discourse about Father's Day and Mother's Day. 3. Be willing to share the favorite festivals with others, and learn about more western festivals and Chinese festivals through group research.
Teaching Focus	The structure and the usage of objective clauses and exclamatory statements.
Potential difficulty in learning	1. Distinguish the usage of objective clauses with that, if and whether. 2. Distinguish the usage of exclamatory statements with what and how.

（四）课堂教学

学教步骤	学教活动	活动意图
Activity 1	Greeting Get students ready for learning.	To let Ss attend to the class.
Activity 2	Revision Ask Ss to brainstorm the names of the festivals they know.	To recall the festival names.
Activity 3	Pre-task 1. Ask Ss to talk about some festivals in Section A. 1） How much do you know about these festivals? 2）What else do you want to know about them? 2. Present the sentences and ask Ss to identify the objective clauses, and then explain the structure of the clause and different uses of that, if, whether. 3. Use the Water Festival as an example to introduce the structure of Exclamatory statements and explain the uses of what and how.	To learn the structures of Objective Clauses and Exclamatory Statements .

续表

学教步骤	学教活动	活动意图
Activity 4	While-task 1．Ask Ss to read the sample sentences and do grammar exercise 4a. 2．Check the answers. 3．Ask Ss to read 4b with 3 questions. 4．Ask Ss to underline the objective clauses and talk about more ways to show our love using the objective clauses.	To practice objective clauses and exclamatory statements.
Activity 5	Post-task 1．Group work. Ask Ss to interview their groupmates and elicit answers.（Giving guidelines） 2．Ask some of them to give a report to class.	To practice the use of objective clauses and exclamatory statements in a context.
Activity 6	Summing up & self-assessing 1．Ss summarize the rules of using objective clauses and exclamatory statements. 2．Ss complete the self-assessing form.	1. To consolidate grammar rules. 2．To reflect upon their study.
Activity 7	Assigning homework 1．Interview your parents about their favorite festivals and write a report about it . 2．Learn about a western festival after class from these aspects：date，activity，story，meaning etc.	1．To apply the objective clauses and exclamatory statements to a real situation. 2．To develop the ability of self-study and inquiry.

（五）板书设计

Unit 2 I think that mooncakes are delicious!

Grammar Focus—4c

I think/ believe/ guess that…

I wonder whether/ if…

How+ Subject （主语）+verb（谓语）

How + adj./ adv.+ Subject （主语）+verb（谓语）！ Festivals

What + n.+ Subject （主语）+Verb（谓语）！ date activity meaning

第五课时 Section B 1a-1d（Listening for Speaking）

成都市中和中学 乔温琴

（一）文本解读

What	本课时为人教版九年级二单元P13页听说课，学习内容为Halloween 的时间、流行区域、庆祝方式以及表达对节日的观点
Why	1a-1c旨在训练、发展学生的听说能力，帮助学生认识西方国家的传统节日万圣节，了解不同地区的节日，使学生体会本单元主题语言及文化内容，建立感性认识。1d旨在让学生在了解万圣节相关知识的基础上谈论自己的观点和喜好来提高学生综合语言运用能力
How	1a 通过图片的形式知晓万圣节这个节日和一些专属的文化词汇（Halloween，spider，ghost，haunted...）；1b-1c 通过聆听 Wu Yu 和 Jane 的对话，运用目标语言（I know that...I think that...I wonder if ...）和专属词汇（trick or treat，dress up，ghost，spider ...）让学生了解万圣节的时间、活动、流行的地域以及对万圣节的看法；1d中运用对话的形式谈论万圣节以及这个节日里自己最感兴趣的活动

（二）教材教学活动解析

活动要求	活动分析	实施操作
1a. Look at the pictures and words related to Halloween. What do you think this festival is about?	介绍美国万圣节前夕的"节日专属文化词汇"，为随后的听说活动提供词汇以及文化上的准备	呈现图片并用英语进行适当的讲解，由此引发学生的好奇心和求知欲。通过节日专属文化词汇的学习，学生能够了解1a活动中的词汇与万圣节的关系，为后续的听说活动作铺垫
Listening 1b. Listen and answer the questions	材料给出了Wu Yu和Jane之间关于万圣节活动方式以及时间等的一段对话，旨在让学生抓住整体大意，了解更多关于西方传统节日的知识	播放听力材料1~2次，回答三个在对话中呈现出的与万圣节有关的问题 说明：让学生进一步了解万圣节的相关知识，为下一步完成细节填空题作准备
Listening 1c. Listen again and fill in the blanks.	学生在抓住主旨大意的基础上捕捉具体细节的信息，对万圣节的主要庆祝活动方式作更进一步的了解学习	再次播放听力材料，在播放之前提醒学生关注细节，并在各题的横线上以首字母或其他符号进行适当记录，培养学生的策略意识，最后通过提问的方式检测学生的掌握情况

续表

活动要求	活动分析	实施操作
1d. Think about the Halloween activities that interest you most. Discuss what you have learned with a partner.	让学生两人一组根据听力理解所获取的信息，参考活动 1b、1c 提供的内容以及 1d 的示范对话开展口语交流。	归纳总结听力理解中所获取的信息，包括万圣节的庆祝时间、流行区域、庆祝方式以及说话者的观点态度等内容，结合 1d 的示范对话进行口头练习并选取部分学生展示对话。说明：让学生通过对话练习展示自己对万圣节相关知识的了解情况，并运用目标语言表达自己对节日和相关活动的观点。

（三）课时教学目标及重难点

Teaching Objectives	By the end of the lesson，students are expected to: 1．learn about the time，region，ways of celebration of Halloween and the speaker's opinion about Halloween. 2．learn the vocabulary related to Halloween and apply it to practice correctly. 3．talk about their favorite festival to give personal reactions by using such structures as I know that…/I think that…/I wonder if …/What …!/How …! 4．get interested in Halloween and have a strong desire to learn more about it.
Teaching Focus	1．Lead Ss to learn the words related to Halloween （trick or treat，dress up，ghost，spider ...） and use target language correctly. 2．Lead Ss to get main information about Halloween by listening for specific words. 3．Lead Ss to talk about their favorite festival and give personal reaction based on what they have learned in class.
Potential difficulty in learning	1．Understand cultural meaning of the words related to Halloween. 2．Talk about or introduce their favorite festival （date，place，ways of celebration，folk story，opinions...） with information learned in class.

（四）课堂教学

学教步骤	学教活动	活动意图
Activity 1	Revision Look at some pictures and say something about these traditional Chinese festivals.	To review the information about some traditional Chinese festivals and give personal reactions.

续表

学教步骤	学教活动	活动意图
Activity 2	Lead-in Watch a group of pictures and talk about what they can see，what festival these pictures are about and how much they know about it，and then present their opinions.	To get interested in this festival and have a strong desire to learn more about it.
Activity 3	Pre-listening Step 1 Look at the pictures in 1a on P13 and classify words according to the meaning. Step 2 Describe the pictures using the words. Step 3 Find out the popular activities that people often do on that day. Step 4 Predict some information about this festival and share some opinions about it.	To learn the vocabulary related to Halloween.
Activity 4	While-listening Step 1 Complete 1a—Listen for gist. Step 2 Read 1c carefully before listening，try to guess answers based on information we talked about just now. Step 3 Complete 1c—Listen for specific details，then answer three questions to check if they have got the information. Q1 How do people make their houses look scary？ Q2 How many activities do they talk about？What are they？ Q3 How do parents join in the fun？ Step 4 Complete a conversation by listening for the third time and discuss one more question. Q：What else can they dress up as besides ghost and some cartoon characters？	1．To get more specific information about Halloween by listening. 2. To check if Ss understand key expressions by asking questions.

续表

学教步骤	学教活动	活动意图
Activity 5	Post-listening Step 1 Make a summary of Halloween. Step 2 Talk about activities that interest them most in pairs. Step 3 Make a conversation about their favorite festivals.	1. To review the information about the festivals. 2. To practice sentence structures of asking about opinions and giving opinions. 3. To give personal reactions.
Activity 6	Summing up & self-assessing Have a self-evaluation according to the chart on PPT.	To have a self-assessment to check whether they achieve the learning objectives.
Activity 7	Assigning homework 1. Learn about other activities people do on Halloween and the origin of it by reading materials or surfing on the Internet. 2. Introduce your favorite festival to your friends and record it.	To develop the ability of self-study and inquiry.

（五）板书设计

Symbols of Halloween:
spider，black cat，bat，ghost，pumpkin lantern，
haunted house，candy，costumes
Common activities on Halloween:
trick or treat carve pumpkin into Jack-0-lanterns
tell scary stories dress up as a ghost or other characters attend costume party

第六课时 Reading B 2a-2e（Reading for Writing）

成都中和中学 曹丽陈 缘媛

（一）文本解读

What	本部分为阅读文，通过文章中查尔斯·狄更斯的作品 A Christmas Carol 的描述，让学生理解圣诞节的真谛
Why	通过两个部分的活动，在语言方面，让学生能够了解与该节日相关的专属语言词汇和核心词汇（Christmas，Christmas eve，novel，treat，business，present，warmth，mean，spirit，lie，spread）。在阅读技能方面，侧重训练学生对阅读的深层理解，即除了理解语言的表层含义外，还应当培养学生的推断能力，读懂作者在字里行间的深层含义。在文化意识和情感价值观方面，该语篇通过探讨圣诞节的含义，讲述吝啬鬼 Scrooge 的转变，目的在于向学生传达以下信息：关爱、同情及怜悯之心是人类社会的宝贵财富，人人应当将之继承及弘扬，以爱心回报社会

续表

How	学生在活动 2a 中通过自由谈论 Christmas 相关内容（日期，象征，活动）来复习巩固与该节日有关的语言知识，激发学生对本节课的兴趣，为阅读作好铺垫。在活动 2b-2d 中通过阅读文章中查尔斯·狄更斯的作品 A Christmas Carol，了解故事的作者、体裁、主要人物以及故事内容

（二）教材教学活动解析

活动要求	活动分析	实施操作
2a. What do you know about Christmas?	此为读前热身活动，目的在于让学生从已有的知识出发，谈谈自己对圣诞节的认识，为 2b 的阅读活动作准备	引入话题，预测阅读任务 说明：激发学生对于圣诞节的已有认知
2b. Read the first two paras and answer questions.	理解文章大意，回答所给问题	回答问题 说明：让学生进一步理清并理解文章
2c. Read the third para and complete the chart.	理解第三自然段的内容，帮助学生获取准确信息	让学生根据表格信息，训练查找信息的能力及理解文章的能力
2d. Answer the questions. Some answers need to be inferred.	通过问题方式，引导学生整体理解文章的大意，获得中心思想，从而达到对于圣诞节的真谛的理解	通过一系列活动，学生能够准确理解、获取阅读信息。 说明：让学生通过阅读获取节日的真谛，并运用目标语言表达自己对节日和相关活动的观点

（三）课时教学目标及重难点

Teaching Objectives	By the end of this class, the students will be able to … 1. get the information that are not clearly stated in a text by using Inferring. 2. read and use the new words correctly.（eg: Christmas, Christmas eve, novel, treat, business, present, warmth, mean, spirit, lie, spread）. 3. understand the spirit of Christmas.
Teaching Focus	1. Guide students to learn various reading strategies, such as inference, skipping, prediction. Grasp the core ideas, understand the details of the article, analyze the characters, understand the author's intention, learn to compare and guess the meaning of the words according to the context. 2. Get the information that are not clearly stated in a text by using Inferring.

续表

Potential difficulty in learning	In the discussion section，students cannot express their opinions in English correctly.

（四）课堂教学

学教步骤	学教活动	活动意图
Activity 1	Warming up and Lead in 1．Talk about something about Christmas. 2．Get to know the learning objectives of this lesson.	Activate students' existing knowledge related to the topic of this unit，expand the topic vocabulary，and make full preparations for the smooth learning of the following links.
Activity 2	Reading Before reading 1．Read and infer the meaning of "spirit" in the title. 2．Answer the questions. What's the passage about? How does it tell us?	Introduce new words into teaching activities and guide students to pay attention to article titles and pictures to get information.
Activity 3	While-reading Activity 1 Work in groups and ask questions about the story according to the mind map. Find other characters mentioned in the novel *A Christmas Carol*. Activity 2 Read passage and do true or false. Activity 3 Read paragraph 3 and complete the chart. Activity 4 Read paragraph 4 and answer the question as follow: What does scrooge do after seeing 3 spirits?	Guide students to ask questions on the topic of story by themselves，so as to train and develop students' thinking ability. Guide and help students to understand and use inference as a reading strategy to complete the corresponding reading tasks. 3．Gradually cultivate students' good reading habits，and improve their ability to think，analyze and solve problems independently.

续表

学教步骤	学教活动	活动意图
Activity 3	Activity 5 Compare the personality and life of scrooge in the past and at present. Activity 6 Conclusion Answer the question：What's the spirit or true meaning of Christmas?	
Activity 4	After-reading Discussion Enjoy a piece of video and discuss the following questions. 1. What can we do in our daily life to share and give love to the people around us? 2. Do you still keep sharing and giving love if you can't get anything from it? Why?	Through watching the video，ss can better understand the meaning of Xmas，understand the importance and significance of sharing and giving love，start from the trivial things around，and give without expecting anything in return.
Activity 5	Self-assessing	This part is helpful for teachers to better understand students' mastery of the class content，and timely encouragement can stimulate students' interest and desire.
Activity 6	Assigning homework Oral work： Choose one of the following tasks. 1. Summarize the content of this passage according to the mind map . 2. Surf the Internet to collect more stories about Christmas. And then，retell one of them to your partner. 3. Introduce another festival from the following aspects（方面）to your partner. Date，symbols，activities，(stories)，spirit.	The after-class reading activity aims to arouse students' interest in this topic and give full play to their creativity and autonomy.

（五）板书设计

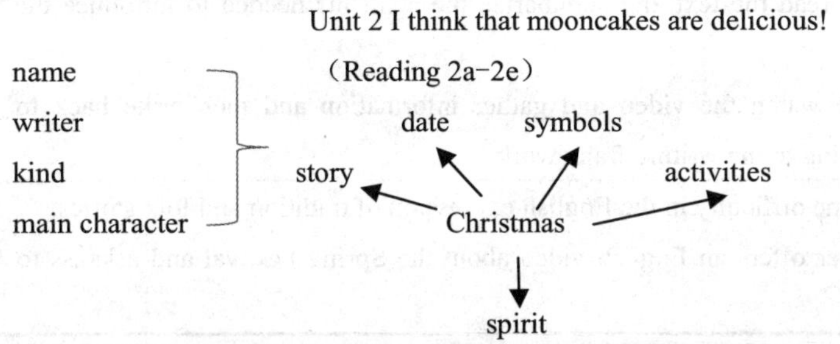

第七课时 Section B 3a-Self check

成都市中和中学 吴妍 杨曦

（一）文本解读

What	本部分为读说写评课，内容为一篇介绍西方传统节日复活节的文章和一段介绍中国春节的视频。学生通过阅读文章提取出介绍节日的语言框架，再通过观看视频，丰富语言素材，从而完成本节课"介绍春节"的写作目标
Why	通过阅读提取语言框架，学习从不同角度介绍传统节日
How	用阅读的方式获取文章主要信息，梳理语言框架，通过观看视频，丰富语言素材

（二）教材教学活动解析

活动要求	活动分析	实施操作
1. Reading	介绍了西方传统节日复活节，引导学生从节日的时间、地点、庆祝方式、传统意义等方面提取写作框架。 活动属于感知和注意	通过回答问题，完成思维导图获取写作框架
2. Speaking	视频介绍了中国传统节日春节的来历庆祝方式和传统意义。为学生下一步的写作提供了更多的语言素材	观看视频，分小组完善思维导图
3. Writing	通过思维导图，完成写作任务——介绍春节	独立完成写作任务
4. Evaluating	按照评价参考建议完善作文	自评、互评、师评

（三）课时教学目标及重难点

Teaching Objectives	At the end of the lesson，students will be able to… 1. Write about the Spring Festival by using the framework and related expressions about the traditions，the origin and the spirit of the Spring Festival. 2. Be more aware of the importance of learning about Chinese traditional festivals.

续表

Teaching Focus	1. Guide Ss to read the text and summarize the elements needed to introduce the festival. 2. Guide Ss to watch the video and gather information and then write back to introduce it according to the writing framework.
Potential difficulty in learning	Ss may have some difficulty in the English expression of tradition and folk stories. Solution：teacher offers an English video about the Spring Festival and asks Ss to take notes.

（四）课堂教学

学教步骤	学教活动	活动意图
Activity 1	Lead in Step 1 Know about a letter from the English-speaking pen pal. Step 2 Read the letter for the first time quickly and answer the following questions： 1. What festival is talked about？ 2. What festival does June want to know about？	To know the task of this lesson：write a letter back to an English-speaking pen pal to introduce Chinese Spring Festival.
Activity 2	Reading Read the letter again，underline the answer to the following questions： 1. When is the festival celebrated？（Date） 2. Where is the festival celebrated？（Country） 3. How do people celebrate the festival？（Activities） 4. Why do people celebrate the festivals？（Meaning）	Lead the students to read the letter，and get the structure of the introduction. To learn about the information that should be included in the letter to introduce Chinese Spring Festival.
Activity 3	Speaking Step 1 Watch a video about Chinese Spring Festival，and take some short notes. Step 2 Work in group of four and talk about Chinese Spring Festival according to the mind map and fill in the information from the video.	Lead students to discuss Chinese Spring Festival in oral and make preparation for the writing. To gather information for the writing task—introduce Chinese Spring Festival.

续表

学教步骤	学教活动	活动意图
Activity 4	Writing Write back to June to introduce Chinese Spring Festival according to the checklist shown by teacher.	Lead students to learn how to write completely and logically.
Activity 5	Evaluating Step 1 Self-evaluation — Evaluate their own work by using the standards. Step 2 Peer evaluation — Evaluate the partner's writing according to the standards by giving stars. Step 3 Teacher evaluation — Teacher chooses a student's writing and make comments，using the standards.	Lead students to evaluate the letter with each other. Help the students to make their writing better. To improve the writing.
Activity 6	Assignment Revise the letter and copy it.	To make the writing more complete.

（五）板书设计

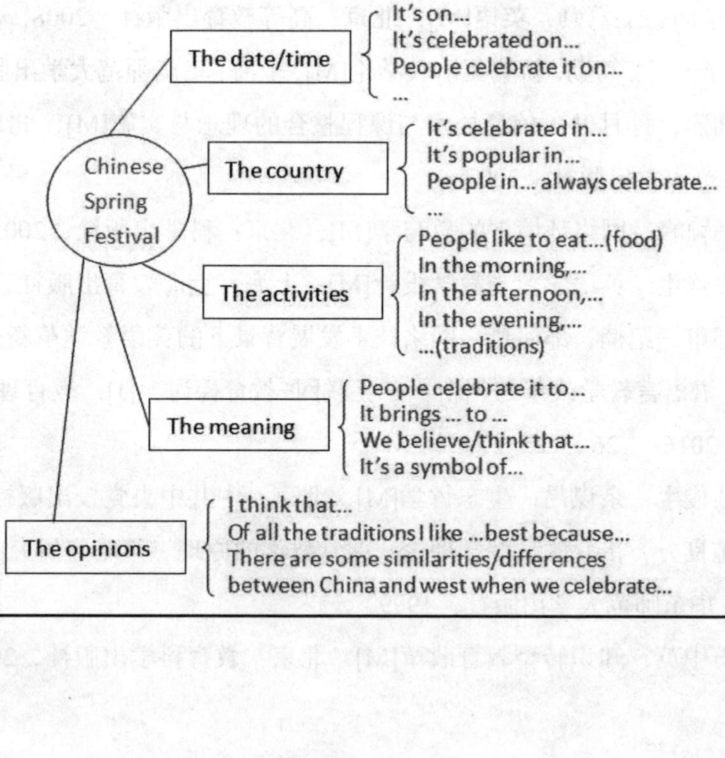

参 考 文 献

[1] 何克抗．教育技术学[M]．北京：北京师范大学出版社，2002．

[2] 何少庆．英语教学策略理论与实践运用[M]．杭州：浙江大学出版社，2010．

[3] 束定芳，庄智象．现代外语教学理论、实践与方法（修订版）[M]．上海：上海外语教育出版社，2008．

[4] 教育部高等教育司．大学英语课程教学要求[M]．北京：外语教学与研究出版社，2007．

[5] 乐眉云．语言技能教学法[M]．北京：教育科学出版社，1995．

[6] 李荫华．研究规律，改进教学——大学英语教学研究[M]．上海：上海外语教育出版社，2002．

[7] 刘润清，戴曼纯．中国高校外语教学改革现状与发展策略研究[M]．北京：外语教学与研究出版社，2003．

[8] 鲁子问，王笃勤．英语[M]．北京：高等教育出版社，2008．

[9] 鲁子问，王笃勤．新编英语教学论[M]．上海：华东师范大学出版社，2006．

[10] 陆宏，孙月升．信息技术与课程整合的理念与实施[M]．北京：首都师范大学出版社，2007．

[11] 马颖峰．网络环境下的教与学[M]．北京：科学出版社，2005．

[12] 皮连生．英语学习与教学设计[M]．上海：上海教育出版社，2004．

[13] 祁琳，纪楠，邵海燕．网络技术发展背景下的英语教学革新——评《英语语言教学改革与创新——互联网+教育探讨》[J]．教育理论与实践，2016，（26）：25-27．

[14] 钱俊生，余谋昌．生态哲学[M]．北京：中共中央党校出版社，2004．

[15] 施良方，崔允廓．教学理论：课堂教学的原理、策略与研究[M]．上海：华东师范大学出版社，1999．

[16] 石中英．知识转型教育改革[M]．北京：教育科学出版社，2001．